# LA FRANCE JUSTE

Daniel Fasquelle

La France juste

préface de
Nicolas Sarkozy

Fayard

Daniel Fasquelle fait partie de ces élus qui cultivent une approche lucide de la politique sans jamais transiger sur les valeurs qui fondent leur engagement. Nourri d'une longue expérience de terrain au Touquet et sur les bancs de l'Assemblée nationale, il connaît et mesure parfaitement la réalité de ce que vivent les Français.

Dans son manifeste, il dresse ainsi le constat d'une société française qui s'interroge sur son identité, sa cohésion, autant que sur son avenir.

Pourtant, le sentiment de déclassement qui touche nombre de nos compatriotes et l'impression d'une perte de contrôle de notre destin commun ne sont pas une fatalité.

Plus que jamais, notre pays a besoin de vérité. Plus que jamais, nous devons à nos concitoyens un diagnostic intransigeant. Refuser de voir la réalité, s'arranger avec la vérité, n'a été jusqu'ici, qu'un artifice pour mieux renoncer, composer, concéder.

Comme le disait Camus, le patriotisme « est une manière d'aimer son pays qui consiste à ne pas le vouloir injuste, et à le lui dire ». De la vérité naîtra la confiance, si indispensable pour relever les défis de notre temps et porter une nouvelle ambition pour la France.

Nicolas SARKOZY

Manifeste pour une France juste

**Le « redressement de la France dans la justice »
aura fait long feu**

« L'essentiel, […] c'est de se mettre très vite au travail au service des Français pour réussir ensemble avec eux le redressement de la France dans la justice. » C'est par ces quelques mots que Jean-Marc Ayrault fit son entrée à Matignon le 16 mai 2012. À écouter le nouveau Premier ministre, le « redressement de la France dans la justice » était imminent.

Les réformes structurelles ? Elles seraient justes. La grande réforme fiscale ? Elle serait juste. La réforme des retraites ? Juste elle aussi ! La réforme territoriale ? Juste encore ! Jean-Marc Ayrault reprenait ainsi l'élément de langage sur lequel reposait la ligne directrice de la campagne électorale de François Hollande, qui expliquait, en janvier 2012, être capable de remettre la France « sur le chemin du redressement, dans la justice et par la croissance ».

À partir de ce jour et pendant toute la campagne, le « redressement de la France dans la justice » devait être ressassé, d'interview en déplacement, sur un ton péremptoire, les socialistes passant soudainement du monopole du cœur à celui de la justice…

Près de trois ans plus tard, force est de constater que la promesse de François Hollande de « réenchanter » le rêve français a plutôt tourné au cauchemar.

La gauche et la justice : le grand malentendu

À entendre la gauche, tout ce qu'elle entreprend est donc « juste », et cette affirmation ne souffre aucune contradiction. C'est comme si, dans cette famille politique, le fait d'être juste procédait moins d'un choix, d'une direction morale, que d'une identité génétique.

Nous sommes ici dans le régime de l'évidence, un postulat qui, par définition, s'oppose à tout débat ; et, dans ce schéma narratif simpliste qui place la gauche « du côté de la justice », où peuvent bien se trouver ceux qui ne sont pas de gauche, sinon du « côté de l'injustice » ? D'ailleurs, sur quoi François Hollande a-t-il été élu, sinon sur la mise en forme discursive de cette vision binaire du monde ? « Moi Président, je serai… Tout ce qu'ils ne sont pas ! » Vaste programme et impudente ambition quand on voit aujourd'hui le bilan de ces trois années et demi de socialisme.

Comment s'en étonner, en réalité, dès lors qu'on constate à quel point la gauche a perverti les principes et les valeurs d'égalité, de solidarité, de tolérance, au nom d'une vision fausse et réductrice de la justice et de la République. Avec des résultats souvent inverses à ceux qui sont recherchés : de nombreuses mesures se retournent contre ceux qu'elles sont censées protéger, quand elles n'aggravent pas le mal qu'elles sont supposées combattre.

Qu'on en juge : entre mai 2012 et mai 2015, le chômage a progressé en France (passant de 9,7 à 10,3 %) alors qu'il régressait (passant de 10,4 à 9,8 %) dans les vingt-huit pays de l'Union européenne ! Alors que Hollande avait fait de la jeunesse sa priorité, en 2015, un jeune sur cinq de dix-huit à vingt-neuf ans vit sous le seuil de pauvreté ! Et que dire des dix millions de Français touchés par la crise du logement, des inégalités qui se creusent dans l'école en raison de la réforme des rythmes scolaires et du collège, ou encore de l'endettement de notre pays qui vient de dépasser les 2 000 milliards et sera bientôt supérieur au PIB ! Depuis plus de trois ans que la gauche est au pouvoir, elle a multiplié les inégalités et les injustices dans le pays. L'enfer socialiste est pavé de bonnes intentions. Les Français en font aujourd'hui l'amère expérience.

La droite et la justice : un rendez-vous raté

Concédons-le, il est sans doute plus efficace de citer Jaurès ou Gambetta pour faire vibrer les foules autour de l'idée de justice, que de se réclamer d'Adam Smith ou de Friedrich Hayek. La droite souffre d'ailleurs d'une incapacité chronique à revendiquer les penseurs qui sont pourtant proches d'elle. Dans les années 1950-1960, quand la gauche vantait un Jean-Paul Sartre, la droite se faisait très discrète à l'égard d'un Raymond Aron.

Jean-Claude Milner a parfaitement résumé cette problématique : « Peu à peu s'est installée en France l'idée qu'on peut se dire de gauche, mais qu'on ne peut pas, sans risque, se dire de droite. [...] L'étiquette "droite" vous est accolée par l'adversaire[1]. »

Pourtant, je suis convaincu que, au regard de son parcours, de ses valeurs, de son bilan, c'est

---

1. Jean-Claude Milner, Alain Badiou, Philippe Petit, *Controverse : dialogue sur la politique et la philosophie de notre temps*, Seuil, 2012.

la droite qui est le mieux à même de penser et de mettre en œuvre la justice sociale. Elle seule est capable de concilier la satisfaction des mérites, la reconnaissance des besoins de base et la réduction des inégalités. Elle seule peut trouver le juste équilibre entre égalité et équité. Pour ce faire, elle peut s'appuyer sur les travaux de penseurs comme John Rawls, qui ont montré qu'il était tout à fait envisageable de concilier justice et économie de marché, et de dépasser l'opposition devenue stérile entre libéralisme et socialisme.

Dans *Théorie de la justice*[1], Rawls estime que la justice repose sur un principe de liberté, un principe d'égalité des chances entre individus et un principe de différence. Dans sa réflexion, justice et égalité ne sont pas des notions superposables : la justice sociale ne passe pas par une répartition totalement et absolument égalitaire, seules les inégalités qui ne sont pas à l'avantage (maximin) des plus démunis doivent être combattues. En d'autres termes, il n'y a rien d'injuste à ce que les mieux lotis voient leur condition économique progresser, à condition que, dans le même temps, le sort des plus mal lotis s'améliore autant également. C'est une invitation à revoir toutes nos politiques à l'aune de l'idée de justice.

---

1. John Rawls, *Théorie de la justice*, Seuil, 1987.

Dans leur excellent ouvrage *Les Français face aux inégalités et à la justice sociale*, paru en 2011, Olivier Galland et Michel Forsé communiquent les résultats de leur enquête PISJ[1], qui démontrent que ce « principe du maximin », qui exige que le sort économique des plus défavorisés soit maximisé et que John Rawls tient pour l'un des principes fondamentaux de la justice sociale, est largement préféré par les Français à une plus forte égalité ou à une maximisation de la richesse globale ou moyenne.

Face à la crise de l'État-providence, face à une société bloquée, cela nous oblige à repenser notre cadre d'analyse, et à prendre le recul nécessaire. Taxer les riches, comme le proposait François Hollande, pouvait paraître une mesure juste pour les Français, d'une justice essentiellement correctrice et arithmétique. Le résultat est parfaitement injuste : les « riches » ont quitté le territoire national, et ce sont les classes moyennes qui ont subi le matraquage fiscal. Avec un appauvrissement général, du chômage, et une aggravation de la dette et des déficits...

Là où la gauche érige la vision utopique d'un monde où tous auraient et posséderaient la

---

1. « Perceptions des inégalités et sentiments de justice sociale », enquête réalisée en septembre et octobre 2009 auprès d'un échantillon de mille sept cent onze individus représentatifs par quota de la population de dix-huit ans et plus résidant en France métropolitaine (Institut de sondage Lavialle – GfK-ISL).

même chose en modèle à atteindre, la droite se doit de proposer de donner les mêmes chances et les mêmes atouts à tous. Elle doit proposer une démarche pragmatique, qui concilie liberté, mérite et attention portée aux plus démunis. Elle a prouvé qu'elle en était capable, et son bilan plaide en sa faveur. Encore faut-il qu'elle le revendique et qu'elle accepte de renouveler sa pensée face à un monde qui ne cesse de changer.

C'est en incarnant la justice que la droite rendra la France forte

Lors de la dernière campagne présidentielle, Nicolas Sarkozy avait choisi « La France forte » pour slogan. L'idée était séduisante : les crises successives que nous avions traversées, la peur du déclin et l'immensité des réformes à engager, imposaient de se fédérer autour d'un projet résolument combatif. Après plus de trois ans de socialisme, on ajoutera que la France doit être forte *et juste*.

Trois Français sur quatre estiment que la société française est « plutôt injuste[1] ». Parce que de plus en plus de Français – et c'est une réalité dont je ne peux que témoigner en tant que professeur des

---

1. Baromètre d'opinion de la Drees du ministère de la Santé en 2011. Voir également *Les Français face aux inégalités et à la justice sociale*, sous la direction de Michel Forsé et Olivier Galland, Armand Colin, 2011.

universités au contact de notre jeunesse et en tant qu'élu de terrain – en ont assez du nivellement par le bas proposé par la gauche, alors que nous disposons de tant d'atouts inutilisés pour faire tomber les murs invisibles qui paralysent notre société et dont nos adversaires sont les gardiens.

J'ai progressivement acquis la conviction que la droite doit se faire le porte-voix de l'égalité des chances. Qu'elle a le devoir de réformer l'éducation et le droit du travail, qu'elle doit favoriser la libre entreprise et les initiatives des Français, afin de donner à tous les mêmes chances de réussite. Parce qu'en posant comme principe la liberté d'initiative, et comme corollaire une correction des inégalités en amont (que la gauche préfère traiter en aval avec le succès qu'on lui connaît), la droite libérera les énergies des Français, qui pourront produire, travailler, se réaliser et donner le meilleur pour eux-mêmes, et donc pour leur pays.

La France que nous rêvons doit être juste pour chacun et forte pour tous.

I

La gauche n'incarne plus la justice

1

De l'égalité à l'égalitarisme

La gauche a un problème avec la définition qu'elle donne aujourd'hui de l'égalité et de la solidarité : elle confond l'égalité avec l'égalitarisme et la solidarité avec l'assistanat. Il ne s'agit pas d'un simple glissement sémantique, mais d'un glissement idéologique profond qui a dénaturé les valeurs humanistes qui l'ont fondée et portée, et qui sont le socle de la République. Elle a manifestement oublié que l'idée d'égalité, telle qu'on la retrouve sur les frontons de nos édifices publics, vise l'égalité de tous devant la loi et pas la stricte égalité de tous dans tous les domaines de la vie ; un état qui conduirait à la négation de la liberté et de la justice.

De fait, la gauche n'aime pas ceux qui réussissent, et croit en cela réfléchir à l'unisson de nos concitoyens. Elle se trompe grandement : en 2012, le baromètre annuel de Prêt d'union sur la perception de la richesse révélait que trois Français sur quatre trouvent que « c'est une bonne chose de vouloir gagner de l'argent et de devenir riche ». L'étude Ipsos « Les Français et les impôts », parue en novembre 2013, ne disait pas autre chose : il en ressortait que plus de 60 % des jeunes de dix-huit à vingt-quatre ans déclarent comprendre la décision de certains de leurs compatriotes de céder aux sirènes de l'exil fiscal... Enfin, pour 85 % des Français, les différences de revenus sont acceptables lorsqu'elles rémunèrent des mérites individuels qui ne sont pas identiques[1].

1. L'égalitarisme a conduit au matraquage fiscal des classes moyennes

La fiscalité est révélatrice, elle reflète bien ce qu'est ou n'est pas une politique juste. Gardons en mémoire que les grandes révolutions ont souvent eu pour point de départ une incapacité à régler la question fiscale : des jacqueries de l'Ancien Régime à la Révolution française, la fiscalité touche tous les citoyens, car elle est au cœur du pacte social.

Seulement, il ne faut pas se tromper d'ennemi : l'idée démagogique de faire « payer les riches »,

---

1. Olivier Galland et Michel Forsé, *op. cit.*

qui a servi de colonne vertébrale au programme fiscal de François Hollande durant sa campagne électorale, est foncièrement injuste et inopérante. Les Français ne veulent d'ailleurs plus de cette grille de lecture anachronique, dont ils savent pertinemment qu'elle est juste bonne à désigner des coupables quand il faudrait mettre en place des solutions économiques viables et durables.

Je voudrais citer ici le député Jérôme Chartier, qui dressait, en ce début d'année 2015, un état des lieux de la politique fiscale du gouvernement Hollande. Un travail édifiant qui a permis d'établir que cinquante-cinq hausses fiscales ont été décidées en moins de trente mois par les socialistes, soit « deux nouvelles taxes ou augmentations d'impôts par mois en moyenne », sans qu'aucune mesure visant à baisser les dépenses publiques ne soit prise parallèlement.

Si la fiscalité sert à alimenter la dépense publique, la dépense publique, elle, selon le fameux économiste Richard Musgrave, a plusieurs fonctions : elle doit allouer les ressources, aider à mieux répartir les revenus et les richesses, et contribuer au développement de l'économie.

À l'inverse, les décisions du gouvernement Hollande en matière fiscale n'ont fait qu'accroître l'iniquité fiscale entre les Français, avec pour conséquence directe de leur donner le sentiment que l'impôt est confiscatoire et illégitime. Et pour

ce qui est de développer l'économie, on repassera :
les calculs de Jérôme Chartier nous apprennent
que, si rien n'est fait, « on pourrait se retrouver
avec 450 milliards de déficit et de hausse de taxes
et d'impôts cumulés à la fin du quinquennat. Et
tout cela sans crise financière et dans un contexte
de reprise économique mondiale ! ».

Neuf contribuables sur dix…

La formidable histoire de l'échec de la gauche
en matière fiscale commence un beau jour de septembre 2012 où Jean-Marc Ayrault, alors Premier
ministre, déclara solennellement : « À revenus
constants, neuf contribuables sur dix ne seront pas
concernés par les augmentations de fiscalité », se
sentant bien évidemment obligé d'ajouter – parce
que, ne l'oublions pas, il est de gauche – : « Il est
juste, le choix fiscal que nous faisons. »

Bilan, en 2013, ce sont plutôt six Français sur
dix qui auront été touchés par cette embolie fiscale : les impôts ont augmenté pour treize millions
de foyers fiscaux et, malgré des systèmes complexes de décote prévus pour ne pas pénaliser les
plus modestes, neuf cent quarante mille foyers fiscaux se sont ainsi retrouvés imposables. Cela, sans
compter certaines mesures totalement inéquitables
comme la baisse du quotient familial. En l'occur-
rence, ce sont les foyers sur lesquels pèsent le plus

de charges courantes et qui prennent le plus de risques qui ont vu leur impôt le plus augmenter. S'il fallait une illustration de l'injustice que génère une politique égalitariste, nous avons ici un cas d'école. Mais qu'est-il advenu de la réforme fiscale qui devait, selon François Hollande en octobre 2010, « redistribuer justement et financer efficacement » ?

Face à l'exaspération générale et en pleine révolte des Bonnets rouges en Bretagne, Jean-Marc Ayrault, au bout de dix-huit mois à Matignon, annonçait une grande « remise à plat fiscale », qui ne vit jamais le jour, tandis que son successeur Manuel Valls se contente de répéter à l'envi que les nouvelles mesures fiscales adoptées par son gouvernement sont « justes ».

La taxe à 75 % : quand le fantasme égalitariste épouse l'incompétence

Un autre exemple de la dangereuse immixtion de l'égalitarisme : la fameuse taxe à 75 % qui, pour citer un article des *Échos*, « a suscité plus de polémiques que rapporté d'argent aux caisses de l'État ». Annoncée à la hâte en pleine campagne électorale par François Hollande afin de doubler Jean-Luc Mélenchon par la gauche, cette mesure démagogique se voulait une prise de position inédite en faveur d'un « lissage fantasmé » du pouvoir d'achat de l'ensemble des Français.

De la menace de grève des joueurs de football français à l'exil fiscal de l'acteur Gérard Depardieu et la demande de double nationalité franco-belge de Bernard Arnault, PDG de LVMH, le guignolesque feuilleton de cette taxe offert par le gouvernement à la presse étrangère a considérablement nui à l'image de la France. Comme si cela ne suffisait pas, les aménagements successifs dont cette taxe a fait l'objet, passant d'un prélèvement de 75 % des revenus dépassant un million d'euros par an à un dispositif obligeant les entreprises à s'acquitter d'un prélèvement de 50 % sur la part des salaires versés dépassant un million d'euros, ont achevé de jeter le discrédit, non pas sur le seul parti politique socialiste, mais sur l'ensemble de la classe politique française.

J'ai le souvenir du commentaire fait par Jorg Stegemann, PDG de Kennedy Executive, une entreprise basée en France et en Allemagne, à un journaliste étranger : « *The reform clearly damaged France's reputation and competitiveness. It clearly has become harder to attract international senior managers to come to France than it was* », propos que l'on peut traduire en ces termes : « La mesure a clairement nui à la réputation de la France et à sa compétitivité. Il est devenu nettement plus difficile désormais d'attirer des profils de dirigeants internationaux en France. »

Finalement amputée, le seul domaine où la taxe à 75 % se maintient clairement, c'est précisément dans l'esprit des étrangers. Son apport économique, comparé aux 75 milliards d'euros rapportés par l'impôt sur le revenu en 2014, est plus que modeste : 420 millions collectés auprès d'environ un millier de contribuables. Cette taxe a provoqué le départ de nombreux centres de décision hors du pays, comme le démontre une étude de la chambre de commerce et d'industrie de Paris réalisée à l'automne 2014[1].

Au final, quel message avons-nous envoyé à nos partenaires et investisseurs étrangers ? Un message clair : François Hollande « n'aime pas les riches[2] », la France non plus.

2. L'égalitarisme dans l'Éducation nationale : l'insupportable sacrifice d'une génération

L'histoire républicaine de notre pays a fait de l'école l'un des piliers du système d'égalité des chances. Cet ascenseur social est malheureusement en panne. Pire, l'école piégée, engluée par

---

1. Anne-Catherine Outin-Adam, Jean-Yves Durance, Simon Robert, « Fuite des centres de décision, quelles réalités ? », CCI de Paris-Île-de-France, 2014.
2. François Hollande, « À vous de juger », France 2, 8 juin 2006.

les idées socialistes, est devenue le premier terreau des inégalités.

La crainte de l'excellence a empêché la vraie lutte contre les inégalités

La belle machine de notre école républicaine est, aujourd'hui, en situation d'échec complet. Année après année, elle s'enfonce dans les classements internationaux. Faute de moyens ? Non. La France dépense 6,1 % du PIB dans l'enseignement (contre 5 % en moyenne en Europe). Comment expliquer alors qu'elle se classe moins bien que l'Allemagne, qui investit 35 % de moins pour chaque élève ?

L'école fantasmée par la gauche : « la réussite sans peine et l'élitisme pour tous[1] »

Alors que j'écris ces lignes, Najat Vallaud-Belkacem fait tout pour donner le coup de grâce à l'une de nos plus belles institutions, le collège, en réduisant encore les heures de cours dévolues aux disciplines traditionnelles au profit de brumeux « enseignements pratiques interdisciplinaires », et en supprimant les options langues anciennes et la plupart des classes européennes ou

---

1. « L'élitisme pour tous », éditorial de Guillaume Roquette, *Le Figaro Magazine*.

bilingues. Je citerai ici, en matière de commentaire, l'excellente synthèse de l'ancien ministre et actuel député républicain Bruno Le Maire : « Trop dures, les notes ? Modifions-les. Trop exigeants, les savoirs ? Réduisons-les. Trop élitiste, le latin ? Supprimons-le. [...] La ministre a fait de la démolition tout sourire du mérite, de la discipline et des exigences de savoir son cheval de bataille. »

Dire que je suis étonné par cette ultime attaque contre l'école serait faux : j'ai lu avec beaucoup d'intérêt l'ouvrage de François-Xavier Bellamy, *Les Déshérités ou l'Urgence de transmettre*, paru en août 2014. L'auteur y livre une analyse factuelle et limpide du mal qui ronge l'éducation nationale française : « Cette crise de la culture n'est pas le résultat d'un problème de moyens, de financement ou de gestion ; c'est un bouleversement intérieur. Il s'est produit, dans nos sociétés occidentales, un phénomène unique, une rupture inédite : une génération s'est refusée à transmettre à la suivante ce qu'elle avait à lui donner, l'ensemble du savoir, des repères, de l'expérience humaine immémoriale qui constituait son héritage. »

Et pourquoi ce refus de la transmission, instauré comme ligne de conduite obligatoire des enseignants au sein même des IUFM ? Parce que, nous apprend-il, selon les IUFM, « la culture était discriminatoire, [...] l'enseignant servait la reproduction des élites et [...] toute éducation était violence ». Autrement dit, pour contrecarrer les potentielles inégalités inhérentes à la variabilité de la capacité d'intégration des savoirs fondamentaux par les élèves, il a été décidé de cesser leur enseignement au profit d'une approche égalitariste de la construction des savoirs : désormais, nous dit Bellamy, il faudrait « faire en sorte que chaque enfant puisse, pour créer un chemin personnel, produire son propre savoir ».

Un postulat idéologique aux effets particulièrement pervers sur l'égalité des chances, puisque, alors que l'on enseignait la culture et les savoirs fondamentaux à tous, sans discrimination, il y a un demi-siècle, seuls les enfants issus des milieux dont le capital social est le plus important y ont désormais accès via leur propre sphère culturelle familiale. Comment s'étonner alors que 22 % des collégiens soient incapables de « donner sens à une information » ou « d'exploiter des textes même simples[1] » ? Devons-nous être surpris que les statistiques officielles donnent un jeune Français sur cinq en situation d'illettrisme plus ou moins avancée[2] ?

---

1. Enquête Cedre 2012, Direction de l'évaluation, de la prospective et de la performance.

2. Direction de l'évaluation, de la prospective et de la performance, note d'information n° 12, avril 2014.

La conséquence de ce nivellement par le bas : la part des enfants d'ouvriers qui fréquentent les grandes écoles n'a jamais été aussi faible, ce qui semble laisser complètement indifférentes nos élites socialistes.

**La réforme des rythmes scolaires
ou comment aggraver les inégalités
dans l'école française**

Avant d'attaquer le collège, la gauche avait commencé son entreprise de destruction par la réforme des rythmes scolaires. Alors qu'il y a urgence à repenser la répartition des moyens, la structure des programmes et la part du temps consacrée à l'apprentissage des savoirs fondamentaux, le chantier auquel s'est attaqué le gouvernement a de quoi laisser perplexe. Non que le bien-être de nos plus petits me soit indifférent, mais j'ai l'audace de croire que, avant de pouvoir se prononcer sur la meilleure façon d'enseigner un savoir, il convient de statuer sur la nature même de ce que doit être ce savoir. Toujours cette propension à refuser de prendre les choses dans l'ordre...

L'affaire partait déjà mal. La réforme des rythmes scolaires était incluse dans la loi plus large dite « de refondation de l'école ». Un aveu d'inefficacité des réformes Jospin et de la charte élaborée par Claude Allègre. Vincent Peillon nous expliquait alors qu'il fallait refonder l'école de la République pour refonder la République par l'école. Vaste – et louable – programme que celui-là.

C'était sans compter sur l'interprétation toute personnelle de l'objectif. Pour l'homme de droite que je suis, « refonder l'école » devait être l'occasion de remettre à l'honneur les savoirs fondamentaux, de réfléchir à la place de l'enseignement professionnel, de revaloriser la rémunération des enseignants français, dont on sait qu'ils sont moins bien payés que leurs collègues étrangers... Rien de tout cela dans les préoccupations de Vincent Peillon, qui a érigé en priorité nationale... la question des rythmes scolaires !

Si Vincent Peillon a cru botter en touche et s'épargner les incontournables tracas qui auraient découlé d'une réforme structurelle en choisissant de s'attaquer à la question secondaire des rythmes scolaires, bien mal lui en prit. Tout à fait conscients de l'inutilité – voire de la nocivité – des mesures prises par le ministre en l'absence totale de concertation avec les diverses parties prenantes qu'ils incarnent, le monde éducatif, les parents d'élèves et les maires se sont élevés ensemble pour faire front. Non seulement la réforme ne répondait pas aux besoins criants de l'école, mais elle avait pour résultat de diminuer les heures dédiées aux savoirs fondamentaux (déjà réduites, est-il besoin de le rappeler, à la portion congrue) pour laisser place à des activités périscolaires l'après-midi, le tout financé par les communes !

Et une mesure injuste de plus ! Il n'aura échappé à personne, en effet, que les communes se trouvent financièrement dans des situations très variables et qu'elles sont assujetties à des contraintes différentes selon qu'elles sont rurales ou urbaines. J'ai été, moi-même, le témoin de cette situation injuste dans ma circonscription du Pas-de-Calais, où nombre de communes rurales n'ont pas les moyens de proposer aux enfants les mêmes activités sportives et culturelles qu'en ville. C'est bien cela qui est intolérable dans cette réforme : elle induit une rupture d'égalité de fait entre les enfants des villes et ceux des milieux ruraux, mais aussi entre les villes mêmes ! Il n'est foncièrement pas juste que l'école de la République ne donne pas à chacun les mêmes chances. Le comble étant, dans l'affaire qui nous concerne, que sa généralisation dans les petites communes met en péril leurs budgets, creusant davantage encore les inégalités.

Malgré l'exaspération des maires, des enseignants et des parents, Manuel Valls, à la suite de Jean-Marc Ayrault, refuse encore et toujours de revenir sur cette réforme inappropriée, alors qu'il se prétend lui aussi disciple du « redressement de la France dans la justice ». Benoît Hamon est allé jusqu'à menacer les maires qui ne l'appliqueraient pas. Le fait qu'ils puissent ne pas en avoir les moyens ne constituant manifestement pas, à ses yeux, une justification acceptable.

L'accueil des enfants handicapés à l'école : la gauche aurait-elle peur de la différence ?

Cet entêtement égalitariste cacherait-il une peur panique de la différence ? C'est une vraie question. J'ai pu constater la façon dont la gauche a tenté d'exclure les enfants handicapés de l'école, alors que le droit à être scolarisé en milieu ordinaire a été consacré par la loi du 11 février 2005, votée sous une majorité de droite.

À l'heure où d'autres pays, comme l'Italie, ont compris que les enfants handicapés pouvaient positivement agir sur une classe et son niveau, les députés de gauche, avec le soutien de Vincent Peillon, ont en effet tenté d'autoriser l'école à les exclure de manière arbitraire. Le 6 mars 2013, le député PS Michel Ménard a ainsi fait adopter un amendement dont voici le texte :

« Face à l'augmentation rapide et continue des demandes et des prescriptions, il convient de mettre en place une approche plus qualitative et notamment de partager des outils de gestion, de suivi et de prospective pour ajuster les réponses apportées à la situation des élèves. Or, à l'heure actuelle, seuls les parents peuvent saisir la MDPH pour demander en cours d'année une révision des notifications de l'accompagnement de l'enfant handicapé. Cet amendement propose de donner également cette faculté à la communauté éducative de l'établissement dans lequel l'enfant est scolarisé, tout en prenant en compte l'avis des parents. Ceci permettrait, ainsi que l'avait noté le rapporteur pour avis du budget enseignement scolaire, de mieux suivre l'évolution des besoins des élèves handicapés et de traiter plus équitablement le "payeur" qu'est l'Éducation nationale. En outre ceci correspondrait aux intérêts avérés des élèves, notamment au regard du développement de leur autonomie en cours d'année. »

En filigrane de ce plaidoyer prétextant habilement défendre « les intérêts avérés des élèves », ce dont il était question, c'était bien que les établissements scolaires puissent saisir la maison départementale des personnes handicapées (MDPH) afin de demander la déscolarisation des enfants qui dérangent, et les orienter vers le secteur de la santé. Sinon, pourquoi ne prendre que « l'avis » des parents et les déposséder d'une décision fondamentale impliquant l'avenir de leur enfant ? Et que dire de l'argument selon lequel une telle

mesure « permettrait […] de traiter plus équitablement le "payeur" qu'est l'Éducation nationale » ?

Ce n'est que d'extrême justesse que quelques
parlementaires – dont je suis fier d'avoir fait
partie – sont parvenus avec Nathalie Kosciusko-
Morizet et le soutien de familles concernées à
obtenir que cette mesure ne soit pas appliquée.
Une bien petite victoire face à l'ampleur de la
tâche qui nous attend : près de 80 % des enfants
autistes français ne sont pas scolarisés, alors
qu'ils le sont quasiment tous aux États-Unis ou
en Scandinavie. Que la gauche, qui se targue
d'œuvrer en faveur de l'égalité des chances,
accepte sans sourciller que soit faite à ces enfants
et à leurs familles cette injustice insupportable
est déjà révoltant. Constater qu'elle a elle-même
cherché à donner à l'école les moyens d'exclure
les enfants handicapés, prenant ainsi le risque
d'aggraver notre retard, me laisse sans voix.

**Internat d'excellence, bourse au mérite :
la destruction systématique par la gauche
des outils de l'égalité des chances**

Je voudrais poursuivre cette réflexion en sou-
lignant cette politique de gauche qui consiste à
s'en prendre, de manière quasi maniaque, à tout
dispositif ou institution qui se réclame d'une tra-
dition d'excellence.

Parlons, en premier lieu, de la mise en sommeil des internats d'excellence, dont la seule vocation était de corriger en amont les inégalités de milieu social chez les élèves méritants, et de donner à chacun les mêmes chances. Ces internats, qui ont fait preuve de leur efficacité, ont été sacrifiés sur la base d'une décision irrationnelle. Était-ce une question de sémantique ? Leur sort eût-il été différent s'ils s'étaient appelés « internats pour l'égalité des chances » ? Il y a fort à parier que, même en ce cas, le seul fait qu'ils aient été créés par Nicolas Sarkozy, aurait suffi à sceller leur sort.

C'est que la gauche s'est spécialisée dans la remise en cause de mesures qui ont pourtant fait montre de leur efficacité, au seul motif qu'elles ont été prises par l'opposition.

Un exemple de cet égalitarisme forcené : la tentative de suppression des bourses au mérite (le vilain mot que voilà !), heureusement suspendue par le Conseil d'État qui, dans un communiqué, s'exprimait à ce sujet en ces termes : « Le juge des référés a estimé qu'il y avait un doute sérieux sur la légalité de cette partie de la circulaire attaquée et que son exécution, privant des étudiants d'une part substantielle de leurs ressources, créait une situation d'urgence. » Pour mémoire, le gouvernement prétendait justifier cette suppression au prétexte qu'elle aurait servi à revaloriser les bourses attribuées uniquement sur critères sociaux, dans le cadre d'un redéploiement global des aides aux étudiants.

La journaliste Sophie Coignard du magazine *Le Point* a, au plus fort de la « crise », parfaitement résumé le raisonnement de la secrétaire d'État chargée de l'Enseignement supérieur et de la Recherche : « Madame Fioraso préfère allouer 1 000 euros par mois à une nouvelle catégorie improbable, "les étudiants les plus modestes de la classe moyenne", et ce, quels que soient leur niveau et leurs résultats. C'est la préférence pour le saupoudrage et le mépris de l'excellence. Sur les 458 millions d'euros d'aide aux étudiants pour cette année scolaire, un effort sans précédent, se félicite-t-elle, le gouvernement trouve donc inepte d'en dépenser 15 pour récompenser et soutenir les nouveaux bacheliers qui ont su se distinguer ! »

Il n'y a rien à ajouter. Peut-être convient-il tout de même de souligner que sur ce dossier, comme sur bien d'autres, le gouvernement s'est fait particulièrement discret lorsqu'il a été question de s'amender. Réaffirmant son mépris pour le collectif étudiant « Touche pas à ma bourse, je la mérite », c'est en catimini, sur le site Internet de l'Éducation nationale et par le biais d'une circulaire, que la capitulation gouvernementale a été finalement annoncée. Un recul bien tardif pour les milliers d'étudiants dont le temps eut trouvé à être mieux employé qu'à lutter contre un gouvernement méprisant à leur égard et empêtré dans son idéologie.

3. La loi sur le mariage des personnes de même sexe et ses conséquences sur le recours à la PMA et à la GPA

La façon dont la gauche a abordé le sujet de l'union de personnes de même sexe est symptomatique d'une approche ni juste ni équilibrée d'un sujet pourtant particulièrement sensible. Au nom de l'égalité, la gauche voulait à tout prix ouvrir le mariage aux couples homosexuels. Tout adversaire de cette position était dépeint comme homophobe ou sexiste, voire les deux à la fois. Les débats à l'Assemblée nationale furent à cet égard particulièrement affligeants et pénibles.

Il y avait une autre voie possible, dans l'écoute des uns et des autres. J'avais, dès octobre 2013, déposé en ce sens une proposition de loi qui aurait pu être un point d'équilibre et de consensus. Cosignée par de très nombreux parlementaires, elle visait à la création d'une « alliance civile », une institution nouvelle entre le PACS et le mariage : une union, célébrée en mairie, qui avait les mêmes conséquences patrimoniales et extrapatrimoniales qu'un mariage, pendant la durée de l'union mais aussi en cas de divorce et de décès (pension de réversion, règles successorales). Cette solution assurait l'égalité dans les relations patrimoniales et extra-patrimoniales au sein du couple, elle réglait tous les problèmes juridiques que le PACS avait laissés en suspens et assurait à ces couples la reconnaissance à laquelle ils avaient droit, l'alliance civile étant célébrée en mairie. Elle avait par ailleurs l'énorme avantage de ne pas entraîner l'application des règles de filiation, et donc d'éviter les dérives que l'on constate malheureusement aujourd'hui en matière de recours à la PMA et à la GPA. Mais la gauche n'a rien voulu entendre. En plein débat parlementaire, on a assisté, médusé, d'un côté à un discours officiel du gouvernement hostile à la PMA et à la GPA et, d'un autre côté et au même moment, à l'adoption d'une circulaire Taubira régularisant le recours à la GPA à l'étranger ! Cet épisode douloureux témoigne de la conception biaisée que la gauche a de la justice. Où est la justice quand on ouvre, hypocritement mais sûrement, la porte à la PMA et la GPA ? Où est la justice quand des femmes sont incitées, souvent pour des raisons économiques, à louer leur ventre, sur des sites Internet maintenant traduits en français, et quand des enfants sont privés du droit, reconnu pourtant par la convention de New York de 1989, de connaître leurs origines ?

2

Des mesures injustes
au nom de… la solidarité

« Tous les êtres humains naissent libres et égaux en dignité et en droits. Ils sont doués de raison et de conscience et doivent agir les uns envers les autres dans un esprit de fraternité » (article 1ᵉʳ de la Déclaration des droits de l'homme de 1789).

L'esprit de fraternité fait partie de notre identité républicaine, depuis ses textes fondateurs jusque dans notre belle devise : « Liberté, Égalité, Fraternité ». La fraternité, c'est reconnaitre « l'autre » comme une variante de « soi » et, en conséquence, agir envers lui comme l'on voudrait qu'il agisse envers soi. L'étymologie rappelle d'ailleurs que, avant de s'appliquer au lien du sang, « *frater* » désignait tout membre de l'espèce humaine.

À ceux qui vont répétant qu'il n'y a pas plus égoïste et renfermé sur lui-même qu'un Français plongé dans la crise, je réponds qu'ils se four-voient : que faut-il voir dans la mobilisation annuelle en faveur des Restos du cœur ou du Téléthon, sinon l'expression historique de notre attachement viscéral à la fraternité ? Oui, l'esprit de fraternité, tout comme l'esprit de justice, caractérise les Français.

La solidarité, que l'on me pardonne de toujours revenir au sens des mots, c'est, selon le *Larousse*, le « rapport existant entre des personnes qui, ayant une communauté d'intérêts, sont liées les unes aux autres ». C'est aussi le « sentiment d'un devoir moral envers les autres membres d'un groupe, fondé sur l'identité de situation, d'inté-rêts ». Il est évident que la politique gouverne-mentale actuelle ne retient de la solidarité que sa seconde définition et l'ampute des éléments de précision, pourtant fondamentaux, de la pre-mière : la solidarité n'est pas qu'un sentiment de devoir moral entre des personnes.

Une communauté d'intérêts, voilà ce qui fonde la solidarité. La solidarité, c'est se soute-nir mutuellement, dans un rapport de réciprocité, pour défendre un bien commun. Qu'est-ce qui, dans la façon dont s'opère la solidarité en France, relève encore de cette dernière définition, et qu'est-ce donc qu'une politique de solidarité qui oublie que le but à atteindre est le maintien du bien commun, sinon une politique d'assistanat ?

Que reste-t-il de la solidarité quand on sacrifie les générations futures par pure démagogie ?

1. De la solidarité à l'assistanat : l'inertie de la gauche face à l'échec du RSA

Me taxerait-on de cynique, je répondrais que je me place du côté du réalisme comptable et qu'il en faut : entre 2009 et 2014, la France a occupé en continu le 1er rang des pays de l'OCDE en ce qui concerne le poids des dépenses de protection sociale dans le PIB avec une moyenne en 2009 de 31,5 %, contre une moyenne OCDE de 22,7 %[1].

Peut-on soutenir les millions de Français qui sont en difficulté sans rien exiger d'eux en contrepartie ? Non : c'est pourquoi le RSA a vu le jour. En 2005, un rapport de la commission « Familles, vulnérabilité et pauvreté » présidée par Martin Hirsch proposait ce nouveau dispositif pour mieux lutter contre la pauvreté. Baptisé « revenu de solidarité active », RSA, il devait remplacer les minima sociaux – le revenu minimum d'insertion (RMI), l'allocation de parent isolé (API) – et inaugurer une nouvelle forme de solidarité : « la solidarité active », pour « réconcilier le travail

---

1. Statistiques générales OCDE : http://stats.oecd.org/Index. aspx?DataSetCode=SOCX_AGG&Lang=fr

41

et la solidarité, et pour réduire la pauvreté en se fondant sur le socle le plus précieux : le travail, donc la dignité[1] ».

Dans son discours à l'Assemblée nationale, Martin Hirsch dressait un portrait sans complaisance de la situation : « L'ambition de ne laisser quiconque en deçà d'un plancher s'est muée en l'instauration d'un plafond infranchissable pour nombre de nos concitoyens. [...] La solidarité ne tombe pas du ciel. Elle ne se limite pas à la redistribution. Elle doit davantage favoriser l'activité que la pénaliser. [...] La situation dans laquelle une personne n'est pas sûre de voir ses ressources augmenter quand elle reprend du travail est désastreuse. Celle dans laquelle deux personnes ont les mêmes revenus alors que l'une travaille et l'autre non est délétère. Elle dévalorise le travail. Elle dévalorise les individus. Elle dévalorise la solidarité. Elle nourrit une société de rancœur, elle entretient la proximité des aigreurs. »

Il avait raison, il fallait rompre avec la solidarité d'alors, qui, en échange d'un soutien financier, espérait de ses bénéficiaires une insertion sociale et professionnelle sans en définir précisément les contours. Il était urgent de les inciter à renouer avec l'activité. Mais, parce qu'il était lucide,

---

1. Discours de Martin Hirsch sur la création du revenu de solidarité active (à l'Assemblée nationale, le 25 septembre 2008).

Martin Hirsch admettait aussi que ce projet relevait de « la conciliation d'intérêts contradictoires et [de] la réconciliation de logiques divergentes ».

Dès le 15 décembre 2011, le rapport final du Comité national d'évaluation du RSA montrait que le dispositif ne permettait pas de lutter efficacement contre la pauvreté ni de stimuler l'emploi. Dans leur ouvrage *Apprendre de l'échec du RSA*[1], les économistes Anne Eydoux et Bernard Gomel résument parfaitement les insuffisances constatées du dispositif : « Le dispositif n'a (presque) pas fait diminuer la pauvreté, il n'a globalement pas amélioré le retour à l'emploi des allocataires et n'a pas rendu les politiques d'insertion plus efficaces. Le comité en conclut que le dispositif n'a sans doute pas eu le temps de produire tous ses effets et que d'autres évaluations sont nécessaires. En 2014, ces conclusions apparaissent pour le moins indulgentes plus encore qu'en 2011. »

Pourquoi, dans ces conditions, cette inertie de la gauche, si ce n'est par pure idéologie ? Comment expliquer que la gauche ne se soit pas emparée d'un sujet dont on sait pourtant qu'il mécontente un nombre croissant de nos concitoyens, nourrissant l'abstention et le vote en faveur des extrêmes ?

---

1. *Apprendre de l'échec du RSA*, Anne Eydoux, Bernard Gomel et contributeurs, Éditions Liaisons, 2014.

2. *RSI, Carsat : la gauche sourde aux difficultés de ceux qui réclament leur juste dû*

Sur le terrain, les artisans protestent depuis des mois, sans être entendus, contre les incroyables dysfonctionnements du RSI. Des erreurs ou des règles mal pensées, qui ont parfois obligé certains d'entre eux à mettre fin à leur activité. Si, dès septembre 2012, un rapport de la Cour des comptes mettait en évidence la nécessité urgente d'une réforme, rien n'a bougé, et il a fallu que les actions se multiplient pour qu'enfin ce sujet soit évoqué ; sans que l'on n'ait encore rien vu venir de concret cependant.

Dans un autre domaine, celui des retraités, j'ai été confronté, comme d'autres, au profond désarroi de ceux de nos compatriotes qui, partant à la retraite, n'ont pas perçu leur pension avant plusieurs mois et de nombreuses démarches. À une question sur ce point précis de l'un de mes collègues à l'Assemblée nationale, Christian Eckert avait répondu que ces Français avaient bénéficié de niches fiscales, ce qui compliquait le traitement de leur dossier ; ce faisant, il justifiait donc l'incurie du gouvernement par son dédain à l'égard des « riches ».

S'il s'était intéressé un seul instant au sujet, il aurait compris qu'il faisait fausse route : j'ai rencontré ces Français, parfois très modestes, qui ont travaillé toute leur vie, et ressentaient leur situation comme une profonde injustice. Là aussi, il aura fallu multiplier les interpellations pour qu'enfin Marisol Touraine, trop occupée sans doute à préparer la généralisation du tiers payant – une mesure inutile et dangereuse –, daigne s'intéresser à ce sujet et lui apporter un début de solution.

Au final, on aura compris que le mépris de la gauche pour le travail l'amène à mettre à mal notre système français de solidarité – quand ce n'est pas par pure démagogie et clientélisme, comme dans la façon dont la réforme des retraites a été, ou plutôt n'a pas été, abordée depuis 2012.

*3. La réforme socialiste des retraites,
ou comment reporter injustement l'effort
sur les générations futures*

« Notre engagement est de sauver les retraites dans la durée [...] et de réparer les injustices », clamait Marisol Touraine en juin 2013. C'est tout le contraire qui s'est produit. Le Conseil d'orientation des retraites évalue, en effet, à 20 milliards d'euros d'ici 2020 les besoins de financement des retraites : selon les chiffres qu'il publie, il n'y aura qu'1,35 cotisant pour 1 retraité en 2040.

Il est donc urgent de réformer. On pourrait se dire que si la gauche ne mène pas cette réforme-là, c'est parce que les syndicats rejettent systématiquement tout allongement de la durée de cotisation, toute augmentation du montant des cotisations retraite et tout recul de l'âge de départ à la retraite, nous privant ainsi de… trois leviers de réforme sur trois !

C'est la crainte d'entrer dans un conflit long et pénible et la démagogie d'une gauche prisonnière de ses discours de campagne sur les retraites à soixante ans qui auront rendu le gouvernement socialiste incapable d'affronter la réalité. On a pu d'ores et déjà mesurer, avec les comptes dans le rouge des régimes complémentaires des cadres, la situation désastreuse qu'il nous laissera…

3

De la préservation des droits
acquis au clientélisme

La gauche répète à l'envi que, sans elle, l'esprit des Lumières et de la Révolution française serait mort en France, mais, n'étant pas à une contradiction près, maintient les privilèges anachroniques accordés aux fonctionnaires, aux syndicats et aux régimes spéciaux. Faut-il lui rappeler que la Révolution française s'est faite contre les confréries, contre les charges héréditaires, contre tout ce qui s'opposait à l'idée de mérite et de liberté, et que l'objet de l'une des grandes lois votées en 1791, la loi Le Chapelier, était justement d'interdire le principe même des corporations ?

Défendre coûte que coûte un statut des fonctionnaires qui n'est plus adapté à notre époque, refuser de réformer les retraites du secteur public ou les régimes spéciaux, revient à instaurer une France à deux vitesses, forcément injuste. Et cette posture contre-productive trouve bien évidemment son origine dans la peur de s'aliéner de précieux réservoirs de voix.

1. L'injuste suppression du jour de carence dans la fonction publique comparée aux trois jours des salariés du privé

Le gouvernement de François Fillon avait établi, à partir du 1ᵉʳ janvier 2012, un jour de carence pour les fonctionnaires en arrêt maladie. Une décision vivement critiquée par les syndicats, qui ont prétendu n'y voir qu'une « volonté de punir les malades ». La réalité, c'est que les chiffres de l'absentéisme étaient bien plus élevés dans le public que dans le privé, dont les salariés ont, quant à eux, un délai de carence de trois jours.

La réalité, c'est aussi qu'après que cette mesure a été prise, et ce dès son année d'instauration, un recul de plus de 43 % des arrêts maladie d'une journée dans la fonction publique territoriale et de 40 % dans la fonction publique hospitalière a été constaté, permettant de faire des économies substantielles. Chacun en tirera les conclusions qui s'imposent, à condition de faire preuve de bonne foi.

Cette réalité sociale et comptable ne pèsera pourtant pour rien dans la réflexion des socialistes. Ainsi Marylise Lebranchu, ministre de la

Fonction publique, soutiendra-t-elle activement la suppression, effective depuis janvier 2014, de ce fameux jour de carence dans la fonction publique, plaidant qu'il était « injuste, inutile, inefficace et humiliant ». Injuste ? Demandez à un travailleur du privé ce qu'il en pense. Inutile et inefficace ? Consultez les chiffres ! Humiliant… Je voudrais que l'on m'explique ce qu'a d'humiliant une démarche consistant à rétablir un peu d'équité dans le traitement des travailleurs français…

*2. Oui aux économies budgétaires,
mais jamais dans la fonction publique !*

Un sondage IFOP pour *Le Figaro*[1], paru en décembre 2013, nous apprenait que les Français étaient 60 % à juger possible d'avoir des services publics de qualité tout en réduisant le nombre de fonctionnaires, contre 47 % en 2011, soit un bond de 13 points en deux ans. Plus intéressant encore : 40 % des fonctionnaires et assimilés étaient d'accord avec cette proposition. Ces résultats ne sont guère étonnants puisque, avec six millions de fonctionnaires pour un peu plus

---

1. IFOP pour *Le Figaro* : « Les Français et les réformes ». Sondage réalisé sur un échantillon de deux mille neuf cent soixante-treize personnes, représentatif de la population française âgée de dix-huit ans et plus du 22 au 28 novembre 2013.

de soixante-cinq millions d'habitants, notre pays bat des records par rapport à ses voisins. Sont-ils moins bien administrés pour autant ?

En France, les dépenses de personnel pèsent plus de 40 % dans le budget de l'État et, en conséquence, il est évident qu'il faut réduire les dépenses publiques. Cette conclusion est partagée par la Cour des comptes, qui considère que contenir la masse salariale de l'État « constitue un enjeu central pour atteindre les objectifs de baisse du déficit public[1] ».

S'il est légitime de demander aux Français de contribuer aux économies budgétaires, parce que la France ne peut plus se permettre de financer ses politiques publiques par une dette qui pèsera sur les générations futures, l'État doit lui aussi contribuer à « réduire la voilure ». C'est ce que Nicolas Sarkozy avait entrepris en décidant le non-remplacement d'un fonctionnaire sur deux. Une mesure courageuse, que la gauche s'est empressée, là encore, d'annuler au motif qu'elle était « trop injuste ».

Elle ne s'est pas arrêtée là, cette « gauche Calimero » qui trouve tout « trop injuste » : elle a encore promis soixante mille postes supplémentaires dans l'Éducation nationale ! Les effectifs

---

1. Cour des comptes, « La situation et les perspectives des finances publiques », rapport rendu public le 17 juin 2014.

de la fonction publique ont augmenté cinq fois plus vite en 2013 qu'en 2012, à tel point qu'en juin 2014 la Cour des comptes n'a pas eu d'autre choix que de conseiller au gouvernement de revoir au plus vite sa copie !

3. La réforme du marché du travail attendra le bon vouloir des syndicats

Le marché du travail français souffre de défauts structurels liés à des réalités bien concrètes qu'il semble impossible de corriger. Olivier Auguste rappelait dans un article de *L'Opinion*, paru en août 2014, qu'en 1994 Denis Olivennes écrivait un texte intitulé « La préférence française pour le chômage », qui disait entre autres ceci : « Nous avons assumé la crise, depuis le milieu des années soixante-dix, grâce à un consensus social fondé sur le partage des revenus à travers les transferts sociaux plutôt qu'à travers le travail : les hauts niveaux de rémunération (salaires et cotisations) et de productivité des actifs occupés favorisaient la progression du chômage non qualifié ; en même temps, ils rendaient cette progression relativement indolore en permettant de financer une protection sociale étendue qui lui servait d'amortisseur. Le chômage n'était donc pas une fatalité. Pour le dire brutalement, il était et demeure l'effet d'une préférence collective, d'un consensus inavoué [...] jusqu'à présent, nous avons privilégié la protection du pouvoir d'achat, au prix d'un chômage persistant. » Et le journaliste de conclure que, vingt ans plus tard, ces propos demeurent d'une actualité dérangeante.

Il suffit de voir comment François Hollande, dans la lignée de Lionel Jospin, prétend enrayer le chômage en créant des emplois aidés et subventionnés sur fonds publics. Un outil qui permet certes de minorer artificiellement le nombre de demandeurs d'emploi, mais qui est impropre à réduire sur le long terme le chômage structurel : ces emplois, s'ils ne sont pas accompagnés d'une politique efficace de formation professionnelle, n'auront pas d'autre pérennité que les crédits d'argent public destinés à les financer.

Manuel Valls quant à lui, tout comme Jean-Marc Ayrault en son temps, s'entête à envisager la politique de l'emploi en termes uniquement quantitatifs, quand les économistes s'accordent à dire que le chômage en France ne baissera pas de manière durable tant qu'une politique modifiant l'ensemble des paramètres du marché de l'emploi ne sera pas menée de manière résolue.

Ainsi va la débâcle de l'emploi en France, où, pendant que l'on prétend régler le problème du chômage avec une politique pudiquement qualifiée « d'enrichissement de l'offre d'emploi », un marché du travail dualiste surprotège les CDI, ces forteresses imprenables pour les personnes employées en CDD, qui enchaînent postes et situations précaires. Les chiffres de l'Unedic pour l'année 2013 sont à cet égard éloquents : 38 % des allocataires sont indemnisés suite à une fin de CDD.

L'enjeu est donc, dans le marché du travail actuel, de faire en sorte que les personnes qui enchaînent les emplois précaires puissent accéder à un emploi durable : elle est là, la véritable justice. Une position courageuse consisterait à proposer une forme de contrat unique, plus souple, qui protégerait à parts égales salarié et employeur. Il faut se rendre à l'évidence, l'emploi ne sera pas préservé en surprotégeant les salariés, la théorie économique l'a depuis longtemps démontré : surprotéger les *insiders* revient à exclure d'autant les *outsiders*. Persistons sur cette voie et nous mènerons notre pays et sa jeunesse dans l'impasse.

Je le dis avec force, rénover en profondeur et durablement le droit du travail peut permettre de combattre efficacement le chômage. Mais une telle entreprise requiert une prise de position aussi responsable que courageuse face à l'immobilisme corporatiste et anachronique de forces syndicales qui ne conçoivent la protection des travailleurs que dans un rapport duel d'opposition aux employeurs. Comment peut-on sérieusement, en 2015, prétendre que ce qui fut bon au siècle dernier le sera pour le siècle à venir ? Quand accepterons-nous d'embrasser notre époque et ses défis ?

François Hollande ne voit-il donc pas que tout dans sa « boîte à outils », censée enrayer le chômage, du concept jusqu'à sa terminologie, sent les années 1990 ? C'est de cela que nous devons nous contenter en lieu et place de réformes économiques structurelles : du bricolage ? Il faut le dire une fois pour toutes : le gouvernement, celui de Jean-Marc Ayrault tout comme celui de Manuel Valls, navigue à vue, sans vision d'ensemble, sans autre projet que de gagner du temps en espérant qu'un renversement du cycle économique permette aux choses de s'arranger d'elles-mêmes.

4. Les régimes spéciaux : des privilèges anachroniques intouchables...

Soyons pragmatiques et regardons les chiffres : les agents de la RATP partent à la retraite en moyenne à 54,4 ans avec une pension de 1 857 euros, les agents de la SNCF partent à 55,1 ans et touchent 1 897 euros, là où les salariés du secteur privé partent en moyenne à la retraite à 62,2 ans et reçoivent une pension de 896 euros pour les non-cadres, 1 666 euros pour les cadres.

Est-il justifié et juste que des agents soumis aux régimes spéciaux, dont la sécurité de l'emploi est assurée et dont les conditions de travail n'ont absolument plus rien à voir avec celles du début du XXᵉ siècle, puissent encore jouir de tels privilèges ?

62 % des Français souhaitent une réforme en profondeur du système des retraites, qui remettrait à plat tous les sujets[1]. Comment expliquer aux salariés du privé que les fonctionnaires vont continuer de voir leur retraite calculée sur leurs six derniers mois d'activité, et non pas sur les vingt-cinq meilleures années ? Comment expliquer aux Français que les « coups de chapeau » accordés aux fonctionnaires en fin de carrière, pour gonfler artificiellement les revenus des six derniers mois d'activité et augmenter ainsi leur pension, ne sont pas près de disparaître ? Comment leur faire admettre que 74,2 % des besoins de financement du régime des retraites des fonctionnaires, soit plus de 37 milliards d'euros, sont financés par le contribuable[2] ? Comment leur expliquer que l'on préserve ces avantages injus-

---

1. Sondage de l'Union mutualiste retraite (UMR) avec *Liaisons sociales Magazine*, réalisé par téléphone du 4 au 6 octobre 2012 auprès de mille neuf personnes constituant un échantillon représentatif de la population française âgée de quinze ans et plus.

2. Conseil d'orientation des retraites, réunion du 26 novembre 2013, « Les structures de financement des régimes de retraite ».

tifiables alors que l'on supprime progressivement l'avantage de 10 % sur la pension de retraite pour les personnes ayant eu trois enfants ou plus, qui ont soutenu la viabilité démographique du système des retraites au prix d'une ou de plusieurs interruptions de carrière ?

4

De la tolérance au laxisme : l'État démissionnaire

L'ordre n'est pas ce principe liberticide que se plaît à décrire la gauche. Il est, avec la sécurité, la condition du déploiement des énergies, des initiatives et de l'accomplissement des individus. Garantir la liberté de circulation par l'ordre et la sécurité relève des missions premières de l'État : ne pas l'assumer révèle, à mon sens, une faille impardonnable dans le pouvoir.

1. Sécurité : au-delà des mots et des effets de tribune, le vrai bilan de monsieur Valls

Les vociférations et moulinets de bras de Manuel Valls n'auront pas suffi à endiguer la montée de l'insécurité. Qui entend encore parler des fameuses zones de sécurité prioritaires (ZSP) dont se servait le gouvernement pour vanter son action sécuritaire ?

Soyons beau joueur, il nous est arrivé d'en avoir quelques nouvelles grâce à *L'Express*[1], en avril 2014. J'y apprenais qu'un rapport pointant l'inefficacité de « l'approche globale » dans les zones de sécurité prioritaires marseillaises avait été retiré du site de l'Observatoire régional de la délinquance et des contextes sociaux (ORDCS) par la préfecture de police. Aux journalistes de *La Dépêche* qui s'étaient émus de la disparition, deux semaines après sa publication, de ce document commandé à un ancien policier et CRS travaillant avec l'Institut national des hautes études de sécurité et avec l'ORDCS, la préfecture s'était justifiée en indiquant que ce rapport était un « outil de travail interne » et que son contenu reflétait « l'avis personnel » de l'auteur.

De deux choses l'une, soit vous demandez à un organisme indépendant de procéder à une mission d'évaluation du fonctionnement de la cité Frais Vallon de Marseille (13e quartier nord), soit vous demandez à un expert de terrain de le faire via un rapport basé sur son observation. Mais, dans le cas où vous faites appel à l'expert de terrain, lui reprocher *a posteriori* de livrer une analyse

____

1. http://www.lexpress.fr/actualite/societe/a-marseille-la-prefecture-enterre-un-rapport-sur-l-inefficacite-des-zsp_1506703.html

« personnelle » relève de l'imposture morale ou de la bêtise, au choix. Car c'est bien la valeur ajoutée de son expérience personnelle que vous recherchiez en le préférant à une analyse extérieure. La désavouer parce qu'il ne dit pas ce que vous espériez entendre n'est ni correct, ni juste.

Pas plus qu'il n'était correct ou juste, de la part d'un gouvernement, de taire les chiffres des cambriolages, qui, en 2013, ont augmenté de 6,4 % en zone gendarmerie et de 4,7 % en zone police[1]. Préférant communiquer sur la stagnation des violences aux personnes cette année-là (qui ne vaut pas une baisse, mais on se glorifie de ce que l'on peut), le gouvernement omettait opportunément de parler de l'augmentation des vols avec arme blanche et à la tire.

Pourtant, Manuel Valls faillit nous persuader de sa détermination à lutter efficacement contre la délinquance lorsque, durant tout l'été 2013, le feuilleton de sa querelle avec Christiane Taubira fit le bonheur des éditorialistes, mi-amusés, mi-atterrés.

Comme nous, il s'opposait alors à la suppression des peines-planchers défendue par la ministre de la Justice. Ce qui ne devait pas l'empêcher de relancer, devenu Premier ministre, le chantier polémique de la réforme pénale. Le courage politique attendra.

---

1. Bilan annuel de l'ONDRP.

2. *La politique pénale de Christiane Taubira, une insulte faite à la justice*

L'art de prendre les problèmes à l'envers et contre tous

Les ambitions de Christiane Taubira en matière de réduction de la criminalité et de la délinquance sont des plus singulières. Alors que la loi de programmation du 27 mars 2012, relative à l'exécution des peines, prévoyait de créer plus de vingt-quatre mille places de prison supplémentaires à l'horizon 2017 pour répondre à la problématique de la surpopulation carcérale, madame Taubira a opéré des choix budgétaires qui, selon Éric Ciotti, auteur d'un rapport[1] des plus solides sur la lutte contre la récidive, ont « sabré les crédits de l'administration pénitentiaire ».

L'élu républicain expliquait ainsi dans *Le Figaro*[2] que, suite à l'intervention de Christiane Taubira, les autorisations d'engagement avaient chuté de 40 %, et que la chancellerie s'était « limitée à conclure le programme immobilier engagé

---

1. « Pour renforcer l'efficacité de l'exécution des peines », Éric Ciotti, juin 2011.

2. http://www.lefigaro.fr/actualite-france/2013/05/27/01016-201 30527ARTFIG00583-comment-taubira-a-torpille-le-plan-prison-de-sarkozy.php

pour 2013, soit la création de 13 200 places, dont une bonne part pour remplacer des places de prison détruites ». Pour le député, le problème « n'est pas qu'il y a trop de condamnés, c'est qu'il manque des places de prison ».

Certes oui, voilà qui serait une façon autrement plus sérieuse d'aborder les choses. Mais la ministre de la Justice va répétant que la prison est une machine à fabriquer de la criminalité, en faisant mine d'ignorer le rôle central que jouent dans ce drame la vétusté de nos centres de détention et les sureffectifs de la population carcérale. N'est-il pas navrant de tuer dans l'œuf les projets visant à améliorer les conditions de détention, lorsqu'on se targue de défendre la justice, les droits de l'homme, et en particulier quand Bruxelles et la Cour européenne des droits de l'homme s'accordent à souligner leur état de délabrement ?

Il est inacceptable que la France ne garantisse pas aux personnes détenues des conditions de vie dignes. L'indignité de traitement ouvre aux détenus la voie de la marginalisation, elle est une entrave à toute tentative de réinsertion parce qu'elle cristallise une haine contre la société qui inflige, injustement, une double peine.

Je voudrais ici produire le témoignage édifiant d'un jeune délinquant, recueilli par madame Sarah Dindo, de l'Observatoire international des prisons (OIP), dans le cadre de la campagne « Ils sont nous », visant à donner la parole à d'anciens détenus pour qu'ils racontent comment la prison est arrivée dans leur vie : « Le milieu carcéral, c'est un peu le Pôle Emploi de la délinquance, il y a tous les corps de métiers sur place : dealers, braqueurs, receleurs… Il suffit d'aller voir le bon pour perfectionner ses techniques. […] Et puis il y a les conditions de détention, la surpopulation, la façon dont la justice nous traite : on ressort avec plus de haine. […] En sortant de prison, tu t'es fait plein de copains délinquants, tu as appris à mieux voler, tu es encore plus mal perçu par les gens honnêtes et encore plus valorisé par les délinquants. Et les problèmes que tu avais en entrant en prison sont toujours là. »

La réforme pénale, dont les mesures ont été inspirées par une conférence de consensus tenue en février 2013 et dont la légitimité et la représentativité ont été largement contestées depuis, ne s'arrête pas à cette première aberration : elle prévoit aussi la suppression de la révocation automatique des peines avec sursis en cas de nouvelle condamnation. Cela signifie concrètement qu'une personne, victime d'un crime grave commis par un délinquant récidiviste, ne sera plus assurée de voir son agresseur être condamné à la peine de prison minimale prévue par son sursis.

L'inacceptable « contrainte pénale »

Mais la disposition la plus critiquable de cette loi reste la « contrainte pénale ». Cette nouvelle mesure, inspirée par la pratique d'autres pays comme le Canada, doit se substituer aux peines de prisons inférieures à cinq ans et se veut une réponse globale à tous nos problèmes de délinquance. Il s'agit, pour toute la durée de la contrainte pénale, d'imposer à la personne condamnée le respect de certaines injonctions, sa situation étant évaluée régulièrement pour modifier, le cas échéant, les obligations auxquelles elle est soumise.

Quels moyens allons-nous bien pouvoir allouer à la mise en place de ce système ? Au Canada, les fonctionnaires chargés du suivi de peines similaires ont en charge trente dossiers en moyenne, c'est cent de moins que nos conseillers d'insertion et de probation actuels ! Sans compter que ces derniers se voient confier encore d'autres missions par la nouvelle loi – alors qu'ils alertent déjà sur leur surcharge de travail. Je veux d'ailleurs dire avec force que leurs demandes sur ce point ne sont pas scandaleuses : la justice est bien en manque de moyens, la surcharge actuelle des conseillers d'insertion et de probation est réelle et entraîne de nombreux dysfonctionnements ; les affaires de récidive, très médiatisées, où des personnes dangereuses ont pu s'en prendre de nouveau à des victimes, alors qu'elles devaient faire l'objet d'un suivi plus attentif, sont malheureusement là pour nous le rappeler.

En fait de moyens, il faudra se contenter de peu, voire de rien, puisque, en dehors des textes, le projet de loi ne prévoit pas d'augmenter le nombre de postes dédiés au suivi des condamnés. À aucun moment du débat, il n'a été question de la prise en charge matérielle de la réforme. Comme si, finalement, ce qui comptait par-dessus tout, c'était de détricoter les réformes pénales adoptées sous le mandat précédent, et d'en prendre le contre-pied.

Au-delà des moyens, c'est le principe même de la contrainte pénale que je dénonce, parce qu'elle vise les délinquants condamnés à des peines inférieures ou égales à cinq ans. De telles peines ne s'appliquent pas à des délits mineurs, mais à des actes graves, comme des agressions sexuelles, des faits de proxénétisme, des homicides involontaires ou des violences volontaires. Des actes qui peuvent anéantir à vie les victimes. Qui ira expliquer à une femme que l'homme qui l'a agressée sexuellement ne sera pas sanctionné comme la justice, la vraie, celle qui ne fait pas de compromis, voudrait qu'il le soit ?

Que l'on me comprenne bien : je ne dis pas que mettre l'accent sur la prévention et l'accompagnement pour aider à la réinsertion des délinquants n'est pas louable, je dis qu'il faut en toute chose être réaliste, et qu'en matière de justice l'angélisme est inapproprié. Si l'environnement d'une personne peut favoriser des actes de délinquance, la société ne peut pas endosser toutes les responsabilités et accepter que les coupables soient déclarés victimes, l'équation est bien plus complexe !

Dans le conflit binaire qui anime la politique pénale française entre « tout-répressif » et « tout-préventif », la gauche a choisi le « tout-préventif » avec « option œillères », se réclamant de vieilles thèses sociologiques qui ne sont plus défendues par personne depuis les années 1980. Je ne plaide pas pour le « tout-répressif » : la répression qui ne donne pas au condamné les moyens de comprendre la gravité de ses actes et ne lui fournit pas les moyens de reprendre le droit chemin est contre-productive. La réinsertion est un parcours semé d'embûches et, sans l'aide de l'institution, elle est vouée à l'échec, nous le savons. Mais je veux croire en un juste équilibre. Pourquoi l'application pleine et entière de peines ajustées aux actes qu'elles sanctionnent serait-elle contradictoire avec l'idée de tendre la main à la personne qui a fauté ?

5

L'enfer socialiste
est pavé de bonnes intentions

« Pour pouvoir aboutir à des solutions valables, il faut tenir compte de la réalité. La politique n'est rien d'autre que l'art des réalités », disait avec raison le général de Gaulle. Une leçon que le gouvernement actuel n'a pas bien apprise.

La gauche ne pense pas de cette manière. Comment le pourrait-elle, elle qui ne se définit plus que par ce qu'elle fut et fit au siècle dernier, faute de parvenir, via ses réalisations et penseurs d'aujourd'hui, à construire une identité et une pensée politiques nouvelles, en phase avec les défis actuels ? On voit bien quelle est son économie, comment opère son système : elle voudrait réformer, consciente qu'il s'agit là d'une absolue nécessité, mais ne peut se résoudre à prendre des décisions en contradiction avec son ADN, son image et ses propres intérêts. La loi ALUR (loi pour l'accès au logement et un urbanisme rénové) et le bien-nommé compte-pénibilité sont des illustrations de ce décalage entre les objectifs, louables, et les conséquences, désastreuses, des initiatives de nos chers dirigeants socialistes.

1. ALUR ou la loi qui s'est retournée
contre ceux qu'elle prétendait protéger

De belles intentions sont à l'origine de la fameuse loi ALUR. Et pour cause, les chiffres sont éloquents : cinq millions de personnes en France sont touchées par la crise du logement, plus d'un million d'entre elles sont en situation d'impayé. Au regard des 2,35 millions de logements vacants[1] en France, c'est absurde. À Paris par exemple, le taux de vacance des appartements est de 10 %, alors qu'il est de 1,4 % à Montréal, où le marché immobilier est bien plus fluide que le nôtre.

Que nous enseignent ces chiffres ? Qu'il faut inciter les propriétaires à louer leur logement inoccupé, et qu'il faut faciliter la construction de nouveaux logements dans les régions sous tension, de manière à favoriser l'accès au logement là où la demande excède l'offre. Cela semble tomber sous le sens.

---

1. Insee, « Parc de résidences principales, secondaires ou logements vacants en habitat collectif ou individuel en 2012 ».

Pourtant, cette réflexion n'a pas effleuré madame Duflot. Le ministère du Logement a ainsi déposé à l'Assemblée nationale quatre-vingt-quatre articles le 26 juin 2013, votés en commission à peine un mois plus tard. Un mois pour examiner un texte de cette longueur (le plus long de la Ve République), au surplus très mal rédigé. Un mois pour réfléchir aux effets d'une telle loi sur un marché aussi complexe que le marché de l'immobilier... Nul doute que les députés de la commission des affaires économiques – dont je suis le vice-président – ont eu le sentiment que l'on se moquait d'eux. Lorsque l'on prend le temps d'étudier ce monstre législatif, on se demande comment il pourrait répondre à l'urgence et aux besoins de nos concitoyens.

L'encadrement des loyers, mesure la plus médiatique de cette loi, est aberrant parce que contre-productif. Le problème des loyers élevés dans les zones sous tension ne s'explique pas par la prétendue cupidité des propriétaires, comme semble le penser Cécile Duflot, mais par le duséquilibre entre l'offre et la demande ! Par ailleurs, l'achat d'un appartement ou d'une maison représentant un placement, l'investisseur particulier ou institutionnel recherche en toute logique sa rentabilité ! D'autant que, dans la très grande majorité des cas, il s'est endetté pour acheter. L'encadrement des loyers prévu par la loi ALUR, en risquant de rendre négative la différence entre le montant du loyer perçu et les traites du prêt immobilier, n'a donc aucune chance d'inciter les investisseurs à construire et à répondre à la demande. Une fois de plus, au nom d'une vision fausse de la justice, on favorise ceux qui ont un logement au détriment de ceux qui n'ont pas ce privilège. On fabrique de nouveaux privilégiés et de nouveaux exclus.

Protéger les locataires ne peut se faire au détriment des propriétaires. Ne pas comprendre cette évidence, ne pas voir qu'en réponse à ces nouvelles contraintes ces derniers rechigneront d'autant plus à louer leur bien, témoigne d'une approche pour le moins irréaliste des enjeux. Une approche par ailleurs largement déconseillée par la majorité des experts en économie de l'immobilier… Mais la gauche s'est depuis longtemps coupée de la vie réelle.

Outre l'aspect contre-productif de cette loi, on peut se poser la question de la faisabilité de certaines de ses mesures. Si l'encadrement des loyers est censé être assuré par des observatoires locaux des loyers, qui aideront chaque année le préfet à en fixer le plafond, ils restent pour la plupart à mettre en place.

Le Conseil d'analyse économique (CAE) faisait aussi remarquer, en octobre 2013, le risque réel que les montants déterminés soient déconnectés de la réalité du marché, en raison de la faiblesse des échantillons prévus par le texte (seulement cinq mille observations pour la ville de Paris). Une lacune qui pouvait avoir pour conséquence de rendre inopérant l'ensemble du dispositif. Mais, puisque ce rapport n'était qu'« une opération de déstabilisation d'économistes libéraux qui n'en sont pas à leur coup d'essai », selon l'entourage de madame Duflot, il n'était pas question d'en entendre les conclusions.

Pourtant, ce fameux rapport du CAE livrait des enseignements importants reposant sur une analyse des résultats de l'encadrement des loyers dans d'autres pays. On y apprenait notamment que, en réduisant le rendement d'une location immobilière, l'encadrement des loyers détériore la qualité du parc locatif, avec pour conséquence directe l'obligation pour l'État de proposer des incitations fiscales aux propriétaires pour les encourager à rénover...

Comment cette loi, aussi complexe dans sa forme qu'inepte dans son fond, pourrait-elle redonner confiance aux acteurs du marché immobilier ? Sous couvert de justice sociale, on n'est finalement parvenu qu'à cristalliser les tensions entre locataires et propriétaires. Et pour quels résultats ? Au premier trimestre 2014, la mise en vente de logements neufs a baissé de plus d'un tiers. En mai et juin 2014, soit quelques semaines après la promulgation de cette loi, les promesses de vente ont considérablement chuté. Les économistes estiment que cette chute fera perdre 0,4 % du PIB. Ces chiffres auront certainement inspiré Manuel Valls, qui déclarait en juin 2014 : « Si nous avons une loi sur le logement qui ne permet pas le redémarrage du logement, il faut y apporter un certain nombre de modifications. » Certes oui, mais lesquelles ? Le détricotage annoncé de la loi ALUR suffira-t-il à réinstaurer la confiance dans le marché de l'immobilier, si important pour l'économie de notre pays ? Que fera-t-on pour régler le problème des centaines de milliers de logements vacants, qui persiste en France ?

Ces exemples ont une vertu : ils démontrent que la sincérité et les bons sentiments ne suffisent pas à prendre de bonnes décisions politiques, et que les décisions prises peuvent même être mauvaises au point de se retourner contre ceux qu'elles prétendaient servir. Pour le dire avec les mots d'Étienne Wasmer, éminent économiste et enseignant à Sciences Po : le « goût immodéré » des autorités françaises « pour les textes de lois abscons, léonins et semés d'embûches [...] rend la vie pénible à tous les gens de bonne foi, locataires comme propriétaires, et favorise paradoxalement procéduriers et grands propriétaires fonciers, dans une situation en passe de devenir explosive ».

La simplicité et l'efficacité sont précisément les orientations qui ont guidé la politique de logement du président Sarkozy, avec des résultats autrement significatifs et un bilan dont nous n'avons pas à rougir : deux millions de logements ont été construits, quatre cent mille rénovés entre 2010 et 2011 et pas moins de six cent mille logements sociaux ont été financés durant le quinquennat. Le prêt à taux zéro a permis un meilleur accès à la propriété, et la mesure phare de cette politique engagée contre l'habitat indigne ou l'absence de logement, l'instauration du droit au logement opposable (DALO), a constitué une avancée sociale remarquable.

Enfin, c'est bien la droite de Nicolas Sarkozy qui a œuvré pour la préservation des droits des personnes les plus marginalisées, avec une augmentation du budget de 30 % entre 2007 et 2010 pour l'hébergement et l'accès au logement des personnes sans abri, et de 27 % sur cinq ans du nombre de places en hébergement d'urgence...

2. Le bien nommé « compte pénibilité »

François Hollande a présenté son « compte pénibilité » comme l'une des plus belles avancées de son quinquennat. C'est d'autant plus ironique

que sur ce dossier, en particulier, son gouvernement n'aura fait que... reculer.

Et pour cause, créé par la loi de janvier 2014 sur la réforme des retraites, ce compte pénibilité, qui a pour ambition de donner de nouveaux droits (formations à des postes moins pénibles, retraite anticipée, diminution du temps de travail sans perte de rémunération) aux travailleurs soumis à des tâches éprouvantes, était, dans sa forme première, totalement inapplicable. Le dispositif prévoyait que les employeurs apprécient dans une fiche individuelle l'exposition de chaque salarié aux gestes fatigants et aux environnements « agressifs »... Qui pouvait sérieusement imaginer que les entreprises allaient soutenir cette mesure, synonyme de coûts supplémentaires (estimés à 500 millions d'euros dans un premier temps, puis à 2,5 milliards d'euros en vitesse de croisière), et son cortège de contraintes administratives liées au recensement, aussi fastidieux qu'hasardeux – et donc attaquable –, des salariés exposés ?

Medef, CGPME (Confédération générale du patronat des petites et moyennes entreprises), UPA (Union professionnelle artisanale)... Tous ont fait bouclier contre ce dispositif unanimement qualifié d'« usine à gaz », si bien que, le 26 mai 2015, Manuel Valls nous donnait une énième leçon de rétropédalage : au diable la fiche individuelle ! L'employeur déclarera à la caisse de retraite ses salariés exposés en appliquant (s'il le souhaite) un « référentiel », fixé par la branche, qui recensera les postes, les métiers et les situations de travail pouvant être jugés pénibles.

Une petite victoire contre ce que le président du Medef qualifiait d'« hydre de Lerne purement administrative, bureaucratique, qui ne tient absolument pas compte aujourd'hui des réalités du terrain », mais une victoire qui restera à conforter en juillet 2016, date de la mise en vigueur de la seconde vague de critères de pénibilité retenus…

6

Une politique de faux-semblants
pour tromper Bruxelles et les Français

Pendant les deux premières années qui ont suivi son accession au pouvoir, la gauche n'a eu qu'une seule ligne directrice : remettre en cause tout ce que Nicolas Sarkozy et sa majorité avaient mis en place face à la crise pour que la France aille mieux.

L'artifice étant usé et la situation empirant, il a bien fallu donner le change aux Français et à Bruxelles, en revenant parfois sur ce qui avait été annulé, mais en beaucoup moins efficace (le CICE par exemple), et en lançant des réformes qui n'en sont pas, comme la réforme des collectivités territoriales qui restera l'une des plus grandes supercheries du quinquennat.

1. Le CICE : à gauche, décidément,
on aime les usines à gaz

Le 27 août 2014, Manuel Valls fit, lors de l'université d'été du Medef, une déclaration d'amour inédite pour un Premier ministre de gauche, en osant dire : « J'aime l'entreprise. »

L'entreprise est en effet centrale dans notre économie. Se poser la question de savoir si nous « l'aimons » ou pas revient à se poser la question de savoir si nous voulons sauver ou saborder notre économie. Il est donc rassurant que Manuel Valls aime l'entreprise, n'en doutons pas.

On peut tout de même être surpris qu'un gouvernement qui a essayé de résorber les déficits à la seule force de l'impôt se souvienne, subitement, que la compétitivité des entreprises est importante dans le cadre d'une économie mondialisée. Cela s'explique simplement : face à la grogne (les Pigeons, les Poussins, les Citrons pressés), le gouvernement a été contraint de faire volte-face et s'est auto-proclamé héraut de la compétitivité. Il a sorti de son chapeau le fameux CICE, le crédit d'impôt compétitivité-emploi.

Quelle belle idée que celle-là, un dispositif qui devait améliorer la compétitivité des entreprises ! Il faut dire que, avec le matraquage fiscal et social de 2012 et 2013, la gauche avait beaucoup à se faire pardonner. Mais c'était compter sans la propension de nos gouvernants actuels à viser encore et toujours à côté. Ce n'est pas La Poste, entreprise bien connue pour être positionnée dans un marché très concurrentiel, qui se plaindra d'économiser 200 millions d'euros sur ses impôts en 2013 ! Du côté du tissu de PME industrielles en revanche, on fait la moue face à un dispositif injuste, puisqu'il favorise une fois de plus les entreprises les plus grandes, les moins exposées à la compétition mondiale et les plus capables d'absorber les chocs économiques.

L'échec du CICE, machine complexe s'il en est, alors qu'il était beaucoup plus simple de mettre en place la TVA anti-délocalisation, n'a pourtant pas découragé François Hollande, qui s'est ensuite empêtré dans ce qu'il a appelé le « pacte de responsabilité ». L'idée était, en baissant les charges pesant sur les entreprises de 40 milliards d'euros, de favoriser la création de centaines de milliers d'emplois. Intéressant, mais insuffisant : la plupart des économistes s'accordent à dire que la baisse nécessaire du coût du travail en France pour restaurer la compétitivité devrait être d'au moins 120 milliards d'euros. Nous sommes loin du compte. Et puis, la rhétorique ministérielle me gêne : il est insupportable d'entendre ce gouvernement dire qu'il aide substantiellement des entreprises auxquelles il ne fait que restituer une part minime de ce qu'il leur avait pris en début de mandat.

Ce pacte de responsabilité est à rapprocher de la réforme territoriale. Complètement hors sujet, il ne sera bon qu'à épuiser l'énergie de l'État et des entrepreneurs, à occuper le débat public pendant des mois, pour au final n'avoir qu'un effet marginal. Le plus injuste étant que l'on a voulu faire croire aux Français que l'on réformait le pays et que les choses iraient mieux…

2. Une réforme territoriale brouillonne et coûteuse

Que ne nous a-t-on pas dit de la réforme territoriale, annoncée à grands cris par le gouvernement au moment où les critiques sur son immobilisme étaient les plus virulentes ! André Vallini, en charge du dossier, prétendait que le simple fait de fusionner les régions allait permettre jusqu'à 25 milliards d'économies…

On en est loin aujourd'hui : certains experts prédisent même que, dans un premier temps, la fusion entraînera des dépenses supplémentaires… Et Marylise Lebranchu a finalement avoué que « si on faisait un projet pour faire des économies, ça n'aurait pas de sens » !

Le redécoupage des régions, improvisé un dimanche soir à l'Élysée, la suppression puis le maintien des départements, la montée en puissance, entre-temps, des métropoles... Le mille-feuille administratif sera plus indigeste demain qu'aujourd'hui. Dans quel but ? Détourner une nouvelle fois l'attention sur les collectivités locales, faute d'avoir le courage de faire la grande réforme de l'État.

7

La plus grande des injustices : le sacrifice de la jeunesse et des générations futures

« Si je reçois le mandat du pays d'être le prochain président, je ne veux être jugé que sur un seul objectif : [...] est-ce que les jeunes vivront mieux en 2017 qu'en 2012 ? Je demande à être évalué sur ce seul engagement, sur cette seule vérité, sur cette seule promesse ! [...] Ce n'est pas un engagement à la légère que je prends. C'est pour mobiliser toute la nation par rapport à cet enjeu[1]. »

1. Une France devenue injuste à l'égard de sa jeunesse

Si François Hollande a déçu l'ensemble des Français en leur promettant une France plus juste, il est une frange de la population qui a

---

1. François Hollande, discours du Bourget, 22 janvier 2012.

particulièrement à souffrir de ses promesses non tenues : notre jeunesse. Il s'était pourtant présenté en héraut des jeunes dès le soir de son élection, leur promettant qu'ils seraient sa priorité. Qu'en est-il aujourd'hui ? Que leur a-t-il proposé, sinon ces « emplois d'avenir », dont le nom même confesse la vacuité ? Créés au détriment des contrats d'apprentissage, ils ont été, dès le début du quinquennat, avec les contrats de génération, le révélateur d'une incapacité à engager une réforme courageuse du marché du travail.

En attendant, le marché du travail, le vrai, convulsant sous la pression fiscale et sociale imposée aux entreprises, est toujours aussi peu accueillant pour les jeunes diplômés. Le vrai bilan est là : 25 % des jeunes de moins de vingt-cinq ans sont au chômage. Cela explique certainement pourquoi beaucoup de jeunes partent tenter leur chance ailleurs.

C'est une véritable hémorragie : sur les cent quinze mille Français qui partent tous les ans, 50 % ont un niveau supérieur ou égal à bac +5 (contre seulement 15 % de la population géné-rale), mais, surtout, 12 % sont des doctorants. En 2013, 27 % des jeunes diplômés arrivés sur le marché du travail voyaient leur avenir hors de nos frontières, soit deux fois plus qu'en 2012.

La diffusion dans le monde entier de nos talents est positive pour l'image de notre pays. Mais il

est regrettable qu'un quart des jeunes diplômés
– dont la formation a été en partie financée par
l'État – veuillent fuir la France. Et se lamenter
ne suffit pas, il faut s'interroger : qu'avons-nous
à leur offrir face à des pays qui valorisent leur
formation, leur font confiance et considèrent leur
jeunesse pour ce qu'elle est, une valeur ajoutée ?
Des emplois de substitution, des CDD à répéti-
tion, des salaires de début de carrière très bas qui
ne permettent pas de se loger décemment dans
les grandes villes, et des évolutions de carrière
lentes et sacrificielles. Si l'on ajoute que cette
jeune génération a parfaitement compris qu'elle
paiera et de son portefeuille et de son avenir le
plus lourd tribut au nécessaire redressement du
pays, on comprend son désarroi et sa colère face
aux promesses non tenues.

2. La dette, ce sera pour les générations futures

« La dette publique a augmenté de 45,5 milliards entre le dernier trimestre 2013 et le premier
trimestre 2014, pour atteindre 1 985,9 milliards
d'euros fin mars. L'Insee a annoncé que l'endettement avait atteint 93,6 % du PIB à la fin mars.
Dit autrement, la dette atteignait 1 985,9 milliards d'euros à la fin du premier trimestre 2014,

en forte hausse de 45,5 milliards par rapport au trimestre précédent. À ce rythme-là, il est fort probable qu'elle ait donc aujourd'hui dépassé le plafond hautement symbolique de 2 000 milliards. Et si ce n'est pas le cas au milliard près, c'est une question de semaines...[1] »

Cette analyse de Marie Visot, grand reporter en charge de la politique économique et des finances publiques au *Figaro*, parue en juillet 2014, a de quoi émouvoir. Rassurons-nous, le gouvernement va répétant que la réduction des déficits et de la dette est l'un de ses objectifs prioritaires. Ce ne sont pourtant pas les hausses d'impôts du début du quinquennat – qui ne seront pas longtemps supportables par les Français –, les plans d'économies budgétaires affichant 50 milliards d'euros, et les ponctions de Manuel Valls dans les budgets alloués aux collectivités territoriales, qui permettront de compenser les dépenses publiques engagées chaque jour par l'État et de résorber les déficits.

Nos déficits se creusent et les débiteurs en seront les jeunes générations. Où est la belle solidarité dont la gauche nous rebat les oreilles quand chaque nouveau-né français arrive en ce monde

---

1. Prédiction qui s'est avérée exacte, puisque la dette publique française a dépassé les 2 089,4 milliards d'euros à la fin du premier semestre 2015.

avec l'obligation de régler une dette avoisinant les 30 000 euros, pour le compte de la génération de ses parents et de ses grands-parents ? Devons-nous accepter cela ? Laisser nos enfants et petits-enfants porter seuls ce fardeau ? Est-il juste qu'ils paient au prix fort la générosité de l'État envers les baby-boomers ? Si encore nous pouvions leur dire que la dette publique participe au financement d'investissements d'avenir, à la création d'infrastructures, au financement de projets de recherche ; qu'elle est un investissement pour demain et que, pour toutes ces raisons, elle se justifie…

Nous ne pourrons pas leur dire cela. Si la France s'endette aujourd'hui, c'est en grande partie pour financer ses dépenses courantes : les salaires de la fonction publique, les régimes de retraite, la Sécurité sociale…

Que fait-on pour dépenser moins ? On assèche le financement de projets de recherche ambitieux, on réduit des investissements utiles pour l'évolution de l'économie… Pendant ce temps, l'aile gauche du Parti socialiste crie à l'austérité. Résultat immédiat de cette situation : la fâcheuse posture de la France à Bruxelles. À force de sempiternellement mendier de nouveaux délais pour respecter ses engagements, dont chacun sait qu'ils ne seront pas plus honorés que les précédents, la parole de la France est discréditée.

Pourtant, une politique de réduction des dépenses publiques n'est pas nécessairement synonyme de récession : tandis que la France continue sa course folle dans la voie d'un endettement stérile et dangereux, en hypothéquant l'avenir de générations qui ne sont pas encore nées, d'autres pays tirent leur épingle du jeu ! Prenons l'exemple de la Suède, véritable modèle en la matière : dans les années 1990, la Suède a mené une politique de consolidation budgétaire qui a conduit à une baisse des dépenses publiques de l'ordre de 9 points de PIB. En parallèle, ce pays a augmenté le poids des dépenses de recherche et développement dans le PIB (2,5 % du PIB en 1993, 4,5 % en l'an 2000)...

Quand notre gouvernement comprendra-t-il qu'on ne pourra faire baisser la fiscalité et diminuer les dépenses qu'avec une réflexion sur le périmètre d'action de l'État dans la vie économique, sociale, et dans les services publics ?

***

Vous m'aurez compris : la gauche, en privilégiant une vision dogmatique du monde au détriment d'une approche réaliste des contraintes, est structurellement incapable de réformer notre pays. Sa lecture toute particulière de la notion de justice sociale ne fait que creuser les inégalités entre les Français et engager notre pays dans une voie sans issue. De mesures anecdotiques en réformes impropres à redresser notre pays, la gauche « mouche du coche » fait étalage de la vacuité de sa politique. Ressassant les vieilles lunes, les vieux combats, elle s'accroche à ce qui fut sa sève et sa force en brandissant son arme absolue : l'idée de justice sociale. Mais, lorsque l'on touche aux allocations familiales d'un couple de Français au prétexte qu'il gagne mieux sa vie que d'autres, on n'œuvre pas pour la justice sociale, ni pour la diminution de la dépense publique : on discrimine une partie de la population en oubliant opportunément qu'elle paie au prix fort ses impôts, la restauration scolaire, le centre de loisirs, son loyer et l'ensemble des frais afférents à son foyer. On jette l'opprobre sur de jeunes parents qui, s'ils gagnent plus de 6 000 euros par mois à deux, ne le doivent qu'aux études longues qu'ils ont menées, aux emplois à responsabilités qu'ils occupent, au temps familial qu'ils sacrifient et aux emprunts qu'ils remboursent ; assez d'hypocrisie ! Pourquoi les punit-on, ces contribuables appliqués, pourquoi les priver du soutien auquel chaque famille et chaque enfant a légitimement droit ?

En quoi le fait de réviser la seule allocation sans condition de revenus à laquelle pouvaient prétendre ces personnes est-il juste ? L'injustice ne saurait se concevoir ici que si ces foyers bénéficiaient par ailleurs des mêmes abattements, réductions ou allocations que les foyers les plus modestes, et bien sûr chacun sait que ce n'est pas le cas. En fait de justice sociale, nous sommes avec cette décision politique, comme avec bien d'autres réformes de la gauche, devant un cas de mise à l'index d'une partie de la population par dogmatisme égalitariste. Il n'est ici nullement question de corriger les inégalités ou d'œuvrer en faveur d'une plus grande équité ; ce qui est en jeu, c'est la stigmatisation d'une forme de réussite sociale. Une position qui nourrit les tensions entre Français en donnant du crédit aux fantasmes selon lesquels les foyers les plus modestes ne sont pas assez soutenus, au profit de foyers prétendument opulents, avec le risque, à moyen terme, de casser la dynamique de notre démographie, qui est pourtant l'un de nos meilleurs atouts. Notons également que le SFT (Supplément Familial de Traitement) a été laissé en dehors de la réforme, alors que, comme l'a indiqué la Cour des comptes, il fait double emploi avec les allocations... Le coût pour l'État ? Entre 1,3 et 1,5 milliards d'euros...

Si l'on se fie à la vision opportunément manichéenne de la gauche, la droite dans notre pays ne serait qu'une association d'hommes et de femmes prêts à tout pour exploiter les plus fragiles au nom d'un libéralisme sans foi ni loi. Et parce que ce discours trouve son auditoire, la droite, complexée par le dévoiement de ses idées et la crainte d'être mal comprise, hésite à s'affirmer dans ses valeurs… La droite dispose pourtant de l'ensemble des convictions qui, mises en pratique dans des politiques publiques fiables et imaginées sur le long terme, pourraient redresser la France, à l'image des pays qui ont eu le courage, avant nous, de faire ces mêmes choix de vraie justice !

II

La droite se doit d'incarner la justice

1

En finir avec la droite complexée

Trop souvent, la droite se laisse culpabiliser : elle encouragerait le fort face au faible, elle serait l'héritière de la Contre-Révolution, elle incarnerait l'injustice que la gauche s'attacherait à corriger.

Ce mauvais procès lui est fait parce que, contrairement à la gauche, la droite n'ose pas revendiquer ce qu'elle est. La droite a pourtant de belles valeurs : la liberté, la récompense du mérite et de l'effort, la solidarité, la responsabilité, l'égalité dans les droits mais aussi dans les devoirs, le patriotisme... Les valeurs de la République somme toute, qu'elle est à même de pouvoir mettre en œuvre, car elle agit le plus souvent avec pragmatisme et avec un courage qui manque à ses adversaires.

Je rêve d'une droite qui cesserait de s'excuser implicitement d'être ce qu'elle est, qui serait fière de ses idées et prendrait conscience qu'elle a dans son histoire et dans son ADN ce qui peut permettre à la France de redevenir un grand pays avec, au cœur du projet collectif des Français, cette belle idée de justice.

Dans l'histoire récente, Nicolas Sarkozy a eu le courage de revendiquer nos valeurs. Sans toujours, malheureusement, être soutenu comme il aurait dû l'être par son propre camp. Cette voie qu'il a ouverte, il faut maintenant l'emprunter résolument pour qu'une droite sans complexe puisse enfin jouer son rôle dans la construction d'une France juste.

C'est une réelle responsabilité que nous avons, car, entre l'impasse que représente l'extrême droite et une gauche prisonnière de son idéologie, c'est sur la droite et sur le centre que les Français peuvent faire reposer leurs espoirs. Si on a encore un doute sur le fait que la gauche n'est pas près de changer et de se séparer de son idéal marxisant (qui est son identité depuis le XIXe siècle), il suffit pour s'en départir de prendre connaissance de la *Charte des socialistes pour le progrès humain* adoptée fin 2014 comme ligne de conduite pour les années à venir.

1. La droite dispose du corpus de valeurs qui lui permet d'incarner la France juste

Il paraîtrait que la droite en France est « la plus réactionnaire du monde » ou un « bloc anti-Lumières », comme aime à le répéter Harlem Désir[1]. Réduire la droite à un mouvement politique refusant tout changement, réactionnaire, rejetant les acquis des Lumières, voire nostalgique de l'Ancien Régime, est une aberration politique et historique. Cela révèle une vision du spectre politique qui se serait figée le jour où, lorsque la Convention vota la mort du roi, le côté droit de l'hémicycle fut occupé par les partisans de l'Ancien Régime. C'est oublier toutes les tribulations que la politique française a traversées durant les XIXe et XXe siècles. C'est soit connaître très mal notre histoire, soit faire preuve d'une incroyable mauvaise foi.

Selon René Rémond[2], il existe, historiquement, plusieurs droites en France. La droite serait, pour une part, légitimiste, c'est-à-dire très attachée à l'ordre et aux traditions ; ensuite, orléaniste, à savoir partisane d'institutions démocratiques et économiquement libérales ; enfin, bonapartiste,

---

1. 23 novembre 2013, discours à La Défense.

2. René Rémond, *Les Droites en France*, Aubier-Montaigne, 4e édition revue et remise à jour, 1992.

avec un biais certes autoritaire, mais très attachée aux questions sociales, et attentive à être légitimée par la volonté populaire. Le tableau visant à décrire la droite voit sa palette de couleurs considérablement enrichie. Afin d'en affiner encore les nuances, il faut insister sur le fait que la droite légitimiste n'a pas résisté à la force de l'idéal républicain, et que les droites bonapartiste et orléaniste se sont ralliées depuis longtemps à la République et à ses valeurs. Il suffit, pour s'en convaincre, de constater que, dans les noms des partis politiques de la droite et du centre, le mot « République » ou ses déclinaisons reviennent régulièrement, du MRP au RPR jusqu'aux Républicains d'aujourd'hui.

Ces origines diverses sont, pour la droite, une force pour construire le projet d'une France juste dont elle a déjà, du reste, jeté par le passé les bases politiques, économiques et sociales. C'est ainsi que la droite a pu conforter la Révolution tout en préservant le meilleur de l'héritage français. De la même manière, la droite a intégré les apports de mouvements divers apparus au XIXe siècle, qui soulevaient avec acuité la question sociale face aux oubliés de la révolution industrielle. Elle a notamment fait siennes les réflexions du catholicisme social, selon lequel les œuvres de charité ne suffisaient plus à régler la question des plus démunis, qui exige une organisation sociale bien plus structurée.

La droite, attachée à l'ordre comme condition essentielle de toute vie en société, a défendu les libertés individuelles, promu l'élévation sociale par le biais de l'éducation et de la formation, tout en se souciant d'accorder une attention aux plus démunis. Elle a mis l'accent sur l'égalité des chances en amont. Ce faisant, sans le savoir, elle a incarné pour partie l'idée de justice telle que devait la définir plus tard John Rawls, qui réagissait face à une approche anglo-saxonne de ces questions, qui oublie les plus démunis.

2. *Le vrai bilan que la droite doit revendiquer en matière de justice*

La droite est-elle un odieux suppôt du grand capital, qui ferme les yeux quand elle n'encourage pas le renard dans le poulailler ? Une entité dénuée de scrupules et de valeurs qui n'a d'autre objectif que de servir les intérêts particuliers des riches et de creuser les injustices ?

Non, évidemment. Plutôt que de nous en remettre à ce que disent nos détracteurs, soyons fiers de nous et de notre bilan. Ce que nous avons fait exprime mieux que tout ce que nous sommes. Les bases fondamentales sur lesquelles repose aujourd'hui notre société, et qui sont ressenties comme justes par les Français, ont en réalité, pour l'essentiel, été mises en place par la droite, qu'il s'agisse de l'économie de marché et de ses moteurs essentiels, de la récompense des efforts et des mérites individuels, ou encore des mécanismes élaborés pour garantir la solidarité face à des besoins aussi fondamentaux que la santé, le logement, la nourriture. Ces règles et ressorts ont été abîmés par la gauche et il est urgent de les repenser pour les sauver.

Des exemples de cette action décisive de la droite en faveur de plus de justice en France, et qu'il faut, à ce moment de ce manifeste, rappeler ?

Commençons avec la loi de 1884 accordant la reconnaissance de la personnalité civile aux syndicats, qui a permis d'énormes progrès dans les droits sociaux et dans la reconnaissance du droit des ouvriers, qui étaient, à l'époque, une catégorie de population extrêmement vulnérable et disposant de peu de relais pour se faire entendre. Si les salariés peuvent faire grève aujourd'hui, c'est bien grâce à une loi promue par la droite libérale !

Le droit de vote des femmes ? Longtemps repoussé par la gauche, qui craignait que le vote féminin, supposé plus dévot, n'égratigne ses résultats électoraux, il sera accordé par le général de

Gaulle en 1944. Où se trouvaient alors les valeurs de justice sociale de la gauche ?

Mieux encore, c'est la droite qui est à l'origine de la création de la Sécurité sociale, soucieuse de donner un accès égal à tous à ce qu'il y a de plus important : la santé ! C'est la droite également ment qui a créé le SMIC en 1970, de la même manière qu'elle avait déjà créé le SMIG, sous l'action de Georges Bidault, éminent membre du MRP. Proposition de droite encore, la quatrième semaine de congés payés en 1963. Et c'est toujours la droite qui, en 1967, a accru le pouvoir des travailleurs au sein des entreprises, en créant un système de participation des salariés dans les entreprises de plus de cinquante personnes. C'est la droite qui a créé l'ANPE, de manière à assurer aux chômeurs l'exercice de leurs droits et guider leur orientation.

Et ce n'est pas tout : si l'on aborde les apports de la droite à la réalisation de l'idée de justice à l'échelle européenne, là encore le bilan a de quoi nous rendre fiers, puisque l'Histoire nous enseigne que de grands progrès ont été réalisés sous des gouvernements de droite en Europe, au XIXe siècle tout comme au XXe. Il est vrai que nous devons à la gauche l'abolition de la peine de mort en 1981, et ce n'est pas un hasard si, dans la conscience collective, c'est la seule mesure qui reste des deux mandats de François Mitterrand : elle était bonne et courageuse.

À regarder ce bilan, on peut se demander pourquoi la droite est si souvent sur la défensive. Nous devons faire notre examen de conscience et reconnaître que, en ne défendant pas avec suffisamment de force nos réalisations, nous sommes en partie responsables du déficit d'image dont nous souffrons. La gauche a su, quant à elle, capitaliser avec succès les combats qu'elle a menés durant les XIXe et XXe siècles.

Par des raccourcis incroyables, la gauche est parfois arrivée à faire disparaître dans les trappes de l'Histoire plusieurs de ses turpitudes. L'épisode de la Seconde Guerre mondiale est, à cet égard, particulièrement édifiant. À entendre certains, la droite aurait été complice de Vichy alors que la gauche incarnerait la résistance face à l'extrême droite. C'est oublier un peu vite que la gauche antiraciste et pacifiste des années 1930 s'est hâtée en 1940 de donner les pleins pouvoirs au maréchal Pétain. Les travaux de l'historien Simon Epstein[1] mériteraient d'être lus, ou relus, par une gauche amnésique et empressée de se donner bonne conscience.

C'est sans doute ce genre de réécriture grossière de l'Histoire qui amène des personnalités

---

1. Simon Epstein, *Le Paradoxe français : antiracistes dans la Collaboration, antisémites dans la Résistance*, Albin Michel, Paris, 2008.

politiques comme Harlem Désir à déclarer : « La droite, il faut la combattre dans les têtes, par la politique de gauche que nous menons, mais il faudra aussi la battre dans les urnes[1]. » Que le secrétaire d'État aux Affaires européennes assimile le fait d'être de droite à une tare mentale montre que la justice, symbolisée parfois par l'équilibre de la balance, n'a visiblement été livrée qu'avec un seul plateau rue de Solférino...

Que l'on reprenne le bilan du général de Gaulle, de Georges Pompidou, de Valéry Giscard d'Estaing, de Jacques Chirac ou de Nicolas Sarkozy, pour nous en tenir à la Ve République, leur action prouve qu'ils ont tous milité pour la justice. Si les dirigeants socialistes sont plus que jamais dans l'outrance, c'est qu'ils savent que ce qu'ils disent n'est pas la vérité.

Dans le domaine du handicap, pour ne citer que cet exemple, l'action de Jacques Chirac et de Nicolas Sarkozy a été particulièrement décisive. La droite a voté, en 2005, une grande loi en faveur de l'égalité des droits et des chances, de la participation et la citoyenneté des personnes handicapées et du droit pour tout enfant handicapé d'être scolarisé, comme les autres, en milieu ordinaire. Une fois élu, le président Sarkozy a fait

---

1. Discours d'Harlem Désir aux journées parlementaires socialistes, Bordeaux, 24 septembre 2013.

voter la revalorisation de 25 % sur cinq ans de l'allocation adulte handicapé, conformément aux engagements qu'il avait pris pendant la campagne de 2007.

La gauche peut-elle en dire autant ? Et pourquoi, sur cette question qui touche à l'une des discriminations les plus graves, le handicap physique ou mental, a-t-on parfois le sentiment que ce sont les socialistes qui se sont battus en faveur de ces avancées décisives, alors que c'est le contraire, et que leur bilan en la matière est plus que maigre ?

On ne leur fera pas l'injure de comparer leurs bilans aux nôtres dans les collectivités territoriales, que ce soit dans la gestion ou dans l'action sociale. En tant que maire du Touquet, je veux bien comparer mon action et celle de mes prédécesseurs Léonce Deprez et Philippe Cotrel en faveur des enfants, des personnes âgées et des plus démunis avec n'importe lequel des maires socialistes, pourtant prompts à donner des leçons de morale et de justice...

3. *La droite a toujours gagné quand elle a incarné la justice*

Pourtant au plus bas dans les sondages en novembre 1994, Jacques Chirac est élu brillamment quelques mois plus tard à la présidence de la République. La campagne qu'il a menée cette année-là, sur la fracture sociale, montre à la droite qu'elle est victorieuse lorsqu'elle s'ouvre aux autres et qu'elle fait preuve d'attention à l'égard des plus faibles. Reprenant à son compte une idée théorisée par le politologue Emmanuel Todd, Jacques Chirac a gagné parce qu'il a compris que la justice sociale n'était pas la chasse gardée de la gauche, et que la droite devait la revendiquer au moins autant, si ce n'est plus. Il faut dire qu'après quatorze ans de mitterrandisme, malgré l'extension du périmètre d'action de l'État, le chômage et la précarité avaient suffisamment augmenté pour que ce message parle à bon nombre de Français, en particulier aux classes moyennes, qui avaient compris que la justice n'était pas du côté de ceux qui la revendiquaient le plus fort.

Là où Jacques Chirac avait vu juste en déclarant vouloir s'attaquer aux nombreuses fractures sociales qui fissuraient la société française après les deux mandats de Mitterrand, Nicolas Sarkozy a trouvé un large écho auprès des Français en 2007 en plaçant les valeurs de mérite et de travail au cœur de son projet. Sur les autres sujets, y compris les plus sensibles comme l'immigration et l'intégration, il a su également tenir un discours équilibré, un discours juste, pourtant dénoncé et combattu par la gauche avec une incroyable violence. Il faut aussi être reconnaissant à Nicolas

Sarkozy d'avoir mis en débat des idées nouvelles, comme la discrimination positive, qui, même si elles n'ont pas été ensuite retenues et mises en œuvre, ont montré une nouvelle fois que la capacité à innover n'était pas dans le camp de ceux qui se réclament en permanence du « progrès ».

4. *Les pays étrangers qui se sont réformés pour être plus justes ont mis en œuvre des idées de droite*

Dans un débat public français souvent passionné, les échanges ont tendance à s'orienter vers ce qui a été fait en Allemagne au début des années 2000. Lors de la crise des dettes souveraines, l'opposition aimait même à railler le prétendu couple « Merkozy ». Ce qui n'avait peut-être pas effleuré la gauche, tant occupée à s'indigner de la règle d'or budgétaire, c'est que si l'Allemagne tenait si bien le coup face à la crise, c'est parce qu'elle avait pris les devants pour contenir le chômage, maintenir la compétitivité de son industrie et de son commerce extérieur, et résorber les déficits budgétaires.

Ce qui est remarquable, c'est qu'en Allemagne c'est la gauche qui a réformé le pays en acceptant de briser de nombreux dogmes dont elle était elle-même prisonnière, alors que les coûts de la réunification se faisaient toujours sentir. Précisément, c'est le 14 mars 2003 que Gerhard Schröder, alors chancelier, présentait devant le Bundestag son désormais célèbre « Agenda 2010 ». Que contenait-il ? Tout un ensemble de mesures visant à réduire le chômage, qui concernait alors 9,8 % de la population active, et à dynamiser la compétitivité de l'économie allemande selon une idée directrice, de droite, dirait-on en France : la responsabilisation de tout un chacun. Alors oui, la contrainte faite aux chômeurs d'accepter une offre d'emploi même si le salaire est inférieur aux indemnités chômage, la création des mini-jobs à 400 euros par mois, la réduction des droits aux indemnités chômage à douze mois et la réduction des aides sociales à 345 euros par mois, ont été de rudes sacrifices pour les Allemands. Les dirigeants de ce grand pays réfléchissent aujourd'hui à des moyens permettant de corriger certaines situations de précarité. Les mesures fortes et récentes mises en place en faveur de l'accès au marché du travail des seniors en sont une illustration. Mais il fallait d'abord se donner les moyens de ces politiques généreuses.

Les réformes allemandes ont permis à de nombreuses personnes d'intégrer un marché du travail dont elles seraient restées sinon encore longtemps exclues. Elles ont contribué à la quasi-suppression des « trappes à inactivité », ces dispositifs d'aide aux chômeurs qui sont plus avantageux qu'une reprise du travail, même partielle, et qui font tant de mal en France. Elles ont considérablement stimulé la compétitivité de l'économie allemande, dont le coût du travail n'a augmenté que de 7 % en dix ans, là où la moyenne de la zone euro est à 20 %.

Fait marquant pour nous Français, habitués à assister au « détricotage » des réformes en cours par les nouveaux arrivants au pouvoir, Angela Merkel, chancelière de centre droit, a été la légataire des réformes laissées par Gerhard Schröder. Un héritage d'autant plus facile à assumer qu'il reposait sur des idées qui étaient celles de la CDU-CSU davantage que du SPD.

Cela étant dit, il faut en être conscient, tout n'est pas parfait. L'Allemagne doit, pour maintenir sa compétitivité économique, investir plus massivement dans ses infrastructures, notamment dans les transports. Elle doit aussi régler son problème démographique, faute de quoi elle ne pourra pas garantir à long terme la viabilité de son système social. Mais toutes ces choses qui restent à faire ne doivent pas être vues comme les symptômes d'un pari politique perdu : elles sont la phase suivante d'un long processus de réformes structurelles ayant pour but le relèvement durable du pays.

Plus ancien, mais non moins pertinent, le changement radical opéré au Royaume-Uni par la très controversée Margaret Thatcher nous livre bien des enseignements. Alors que le niveau de vie britannique était l'un des plus faibles d'Europe occidentale et que l'inflation grimpait de 15 % par an, alors que la structure industrielle du pays était extrêmement fragilisée par les changements technologiques et l'épuisement des ressources en matières premières, les gouvernements successifs, conservateurs ou travaillistes, échouaient à mettre en œuvre toute réforme structurelle. La Grande-Bretagne, qui présentait des budgets en déficit depuis la fin de la Seconde Guerre mondiale, en était même réduite à faire appel à l'aide du FMI en 1976.

Face à cette situation, Margaret Thatcher, dotée d'une vision très structurée des réformes à accomplir et surtout d'une volonté sans faille, opta alors pour un tournant majeur dans l'histoire du pays. Une fois élue, c'est à marche forcée qu'elle amorça les grandes réformes qui marquèrent son séjour au 10 Downing Street. Elle sut maîtriser l'inflation sans dévaluer la livre sterling, faire baisser les dépenses publiques tout en maintenant des efforts sur les budgets de la défense et de la recherche, et renforcer la compétitivité du pays. Sa politique visant à modérer le rôle des syndicats, même si elle fut douloureuse, a permis à la Grande-Bretagne de construire un dialogue social bien plus apaisé. À son départ en 1990, l'économie était assainie, le chômage frôlait les 5 %.

Certes, les écarts de richesse se creusèrent durant ses mandats. Certes, elle laissa une industrie britannique exsangue au profit du secteur tertiaire. Mais il ne faut pas oublier que le mythe désormais construit par Tony Blair, de 1997 à 2007, n'aurait jamais été possible sans l'action préalable d'une Margaret Thatcher. De même, le projet de « Big Society » proposé par David Cameron, dont le but est de donner des moyens d'action conséquents à la société civile, aux individus et aux collectivités de manière à créer du lien social et des solidarités plus fortes, est le signe d'un cycle de réformes qui se poursuit, se consolide, se corrige dans la durée. Nous sommes bien là dans la continuité de la dynamique amorcée durant les années 1980 en Grande-Bretagne : promouvoir les libertés individuelles, notamment la liberté d'entreprendre, miser sur les savoirs et les compétences des individus, permettre aux personnes de se réaliser par leur travail. N'est-ce pas une politique de droite finalement, comme en Allemagne, poursuivie à la fin par chacun des deux camps ? Une politique qui séduit un nombre de plus en plus grand de Français, qui choisissent de s'installer à Londres, l'une des villes dans le monde où la communauté francophone est la plus importante !

En France, l'emprise intellectuelle de la gauche est à ce point puissante qu'elle a empêché ou freiné jusqu'à aujourd'hui des réformes en profondeur, qui ont pourtant eu lieu ailleurs avec succès et dont notre pays a terriblement besoin.

Forte de son bilan, de ses femmes, de ses hommes et de ses valeurs, la droite a un rendez-vous historique en 2017, pour poser les fondations nouvelles, avec les Français, d'une France juste.

2

La droite pour une France juste

À travers le prisme de la France juste, la droite a la possibilité et, surtout, le devoir de repenser notre modèle politique, économique, social et environnemental. C'est en se fondant sur ses valeurs que la droite pourra éviter les écueils et, enfin, réformer le pays. Dans le cadre de ce manifeste, il ne s'agit pas, bien entendu, de proposer un programme. Ce serait prématuré et présomptueux. Tout au plus peut-on esquisser quelques pistes de réflexion, l'essentiel étant de comprendre que les réformes espérées par les Français ne seront acceptées que si elles sont tendues vers un objectif commun : la France juste.

1. Soutenir et encourager la liberté d'entreprendre et rétablir notre compétitivité en récompensant chacun en fonction de ses efforts

Pour la droite, la liberté, c'est la possibilité qui est donnée à chacun de s'épanouir, d'aller au bout de ses rêves, dans le respect de l'autre et du bien commun. C'est aussi la conviction que, en poursuivant et en réalisant ses propres objectifs, chacun participe au bien commun.

La responsabilité du monde politique est de protéger cette liberté d'entreprendre et de travailler. Or, il faut constater que c'est loin d'être le cas. C'est même plutôt l'inverse avec, depuis trois ans, une politique qui dégrade plus encore notre compétitivité en écrasant nos marges[1], en complexifiant l'environnement législatif et réglementaire de nos entreprises. Cela étant dit, il faut être honnête, ce qui handicape notre économie est parfois en place depuis bien plus longtemps. C'est un modèle à bout de souffle qu'il faut profondément repenser.

Concernant le poids fiscal et social qui pèse sur nos entreprises, c'est un effort de 120 milliards

---

1. En 2013, la part des profits bruts des entreprises était de 29,7 % en France, de 35,19 % au Royaume-Uni et de 41,57 % en Allemagne !

d'euros qu'il faudra faire pour qu'elles recouvrent toute leur compétitivité. Comment, dans ces conditions, ne pas s'interroger, par exemple, sur cette spécificité française qui fait reposer l'essentiel du financement de la protection sociale sur nos entreprises ? Comment ne pas rouvrir au plus vite le dossier de la TVA anti-délocalisation en lieu et place du CICE ? Comment faire l'économie d'une réflexion profonde sur le poids excessif de la dette et de l'État ?

À la fin du deuxième trimestre 2015, la dette publique française était équivalente à 97,5 % de l'ensemble des richesses produites chaque année dans notre pays, alors qu'elle représente 74,7 % du PIB en Allemagne et 86,8 % pour l'ensemble de l'Union européenne. Mais ce qui est plus préoccupant encore, c'est que la France est devenue la championne des prélèvements[1] et des dépenses publiques[2].

Tous les chefs d'entreprise que l'on rencontre se plaignent également de la trop grande complexité de notre droit du travail. C'est un chantier qu'il faudra ouvrir de toute urgence. La

____

1. Part des recettes totales en provenance des impôts et cotisations sociales en 2013 : France : 45,2 % ; Royaume-Uni : 34,6 % ; Allemagne : 38,2 %.

2. Total des dépenses des administrations publiques en 2014 en % du PIB : France : 57,2 % ; Royaume-Uni : 44,4 % ; Allemagne : 44 %.

simplification naîtra de mesures comme le contrat de travail unique. Mais la liberté et la souplesse réclamées par nos entreprises ne pourront être justes que si elles ont pour conséquence d'ouvrir le marché du travail à ceux qui en sont exclus. Nos voisins ont ouvert la voie. Dès son arrivée au pouvoir, Matteo Renzi a rapidement mis en place un « Jobs Act » inspiré d'une loi américaine instaurée sous la présidence Obama. Résultat : un nombre croissant d'embauches, cent mille nouveaux emplois au mois de mai et cent quatre-vingt mille en juin 2015. L'Espagne, quant à elle, a créé plus de quatre cent mille emplois au deuxième trimestre 2015, le pays enchaînant six trimestres consécutifs de baisse du chômage grâce à des mesures courageuses sur les conditions d'embauche et de licenciement. Le modèle danois de la flexécurité, alliance d'une flexibilité à l'embauche et au licenciement pour l'employeur et d'un filet de protection sociale efficace pour le salarié[1], vanté un temps, a été malheureusement abandonné, victime d'un effet de mode, un de plus. La France gagnerait pourtant à regarder de nouveau du côté de ce pays. Le Danemark a, en effet, parié gagnant grâce à une législation de l'emploi libérale, au besoin amendée par des accords collectifs, une mobilité de l'emploi

____

1. Source http://www.ambafrance-dk.org/Dossiers.

importante, une protection généreuse des revenus en cas de chômage et un remarquable effort en faveur de la formation : en dessous de trente ans, vous ne touchez pas d'allocations chômage au Danemark, vous bénéficiez d'une aide à la formation… En ajustant le montant des allocations versées en fonction de l'acceptation ou du refus de respecter les obligations de recherche d'emploi et de présence aux activités proposées/imposées par la commune du demandeur, ce pays a obtenu des résultats concrets. La responsabilité est une valeur à réhabiliter en France de toute urgence. Au passage, ce système ne pourra fonctionner chez nous que si on revoit de fond en comble la formation professionnelle, afin qu'elle profite en priorité à ceux qui en ont le plus besoin et qu'elle débouche sur un emploi. Les statistiques de Pôle Emploi sont, à ce sujet, particulièrement édifiantes. En 2014, moins de la moitié des personnes interrogées (49,5 %) avaient un emploi ou étaient en cours de création d'entreprise. Un score en recul par rapport à 2013, où il était de 50,8 % alors que le volume de formation financé avait, entre-temps, augmenté de 33,5 %.

Il faudra aussi trancher définitivement la sempiternelle question des 35 heures et de son coût exorbitant pour les entreprises et pour l'administration française. La solution viendra de la liberté que l'on donnera aux entreprises de s'organiser dans le dialogue avec les salariés, et de la liberté que l'on redonnera à ces salariés de travailler plus sans être pénalisés, grâce au rétablissement d'une mesure comme l'exonération des heures supplémentaires.

Un autre sujet ne devrait plus être tabou : il s'agit du rôle et du périmètre d'intervention de l'administration et du statut de la fonction publique. Une profonde remise à plat s'impose, qui laisse plus de liberté aux collectivités dans leurs recrutements et aux collaborateurs dans leurs parcours, avec une plus grande mobilité et de meilleures carrières. Il faut également mettre définitivement fin au paternalisme et au clienté-lisme, qui ont malheureusement trop cours encore dans les collectivités gérées par la gauche. De nouvelles formules sont à inventer. Alors qu'il est aujourd'hui démontré que les contrats aidés ne permettent pas, le plus souvent, un retour à l'emploi, l'apprentissage devrait être massive-ment encouragé dans les collectivités territoriales.

Qu'il s'agisse des entrepreneurs ou des salariés, il faut veiller à ce que chacun puisse bénéficier de la juste récompense de ses efforts, de ses talents, de ses mérites. Ceux du chef d'entreprise qui prend des risques et innove. Ceux des salariés qui donnent le meilleur d'eux-mêmes et en attendent un juste retour. Cela suppose d'éviter une fiscalité spoliatrice qui, par exemple, conduit certains à modérer leur activité, car la progression de la fiscalité est telle que cela ne sert à rien de travailler plus. L'idée de la participation du général de Gaulle devrait à cet égard être revisitée, afin de faire « naître à l'intérieur des professions une autre psychologie que celle de l'exploitation des uns par les autres ou bien celle de la lutte des classes ».

Et si le capital doit être justement rémunéré, il serait juste que le travail, fruit du seul effort personnel, soit mieux encore récompensé. À ce sujet, il faut remettre en cause le système, paramétré lors des années Mitterrand, qui a conduit à ce qu'en France le capital soit moins taxé que le travail et que le partage de la valeur ajoutée se fasse au détriment des travailleurs[1]. Il faut aussi éviter toute fiscalité confiscatoire et faire en sorte que ceux qui ont de l'argent soient incités à rester et à investir dans l'économie française. Nous ne pourrons nous passer d'un débat sur la remise à plat de notre fiscalité, incluant la question de l'ISF, qu'il serait absurde de conserver dès lors qu'il a disparu un peu partout en Europe. Ce qui compte, ce n'est pas que les riches le restent. Ce qui importe avant tout, c'est que chacun ait un travail, que les plus pauvres soient de moins en moins nombreux et que ceux qui veulent réussir n'en soient pas empêchés.

---

1. Je rappelle à l'occasion que le partage de la valeur ajoutée est passé de 40 % pour les employés en 1981 à 30 % en 1984.

Sans vouloir être exhaustif, tant ces questions liées à la compétitivité et à l'emploi sont nombreuses et complexes, je me dois d'aborder la question des rémunérations des dirigeants et leurs retraites. Ce qui est choquant et injuste et invite donc à la réflexion, c'est quand un responsable augmente sa rémunération ou part avec une retraite importante, alors qu'il a plongé l'entreprise dans les difficultés ou demandé des efforts au personnel qu'il ne s'est pas imposés à lui-même. Ce type de comportements ne peut être accepté dans une France juste.

*2. Garantir et renforcer l'égalité
des chances par, notamment,
une profonde réforme de l'école*

Pour plus d'un Français sur deux, les inégalités dans les études scolaires ne sont « jamais, ou presque jamais, acceptables ». L'orientation, citée par un tiers des personnes interrogées, arrive en première place dans le palmarès des sources d'injustice scolaire[1].

L'égalité des chances est le pendant de la liberté : donner à chacun les moyens d'être un individu libre, c'est promouvoir l'égalité des

---

1. Olivier Galland et Michel Forsé, *op. cit.*

chances. La droite doit revendiquer que corriger les inégalités de naissance en amont est la condition *sine qua non* du redémarrage de l'ascenseur social. Agir pour que l'égalité des chances soit une réalité en France nécessite de redonner à l'école, à l'université et à la formation professionnelle leur rôle d'ascenseur social.

Chacun connaît le rôle de l'école lorsqu'il s'est agi de conforter les bases de notre système républicain. Rénover la République, la rendre plus juste, ne sera possible que si l'école permet à chacun de choisir la voie qui correspond le mieux à l'expression de son potentiel et à ses mérites. À l'heure actuelle, l'école, l'université et la formation professionnelle engendrent d'insupportables injustices. Les dispositifs de discrimination positive, qui sont parfois mis en place dans les écoles de banlieue pour permettre l'accès à des filières prestigieuses, ont le mérite d'exister. Ils aident des jeunes qui veulent s'en sortir à intégrer une formation qui correspond à leurs compétences et appétit de savoir. Mais ils sont surtout le signe d'une école républicaine à deux vitesses, où les enfants des beaux quartiers ont plus de chances de réussir que les enfants des banlieues ou des régions rurales.

Cette tendance s'est accélérée avec les années : il n'y a jamais eu aussi peu, en proportion, d'enfants d'ouvriers dans les grandes écoles. Cette simple statistique confirme que l'école de la République ne peut plus se permettre de continuer sur la voie qu'elle a empruntée depuis trente ans, faute de quoi elle laissera sur le bord de la route des centaines de milliers de jeunes capables, motivés, mais frustrés.

Offrir à tous les jeunes les mêmes chances de s'en sortir, permettre que chacun, du moment qu'il en a la volonté, accède à la formation de son choix, est indispensable si nous voulons une France juste. Cela passe par plusieurs nécessités : il faut en premier lieu, et de manière impérative, réformer la pédagogie des programmes scolaires, dont l'inefficacité n'est plus à démontrer. Personne ne semble discuter leur pertinence, pourtant leur échec est flagrant. La baisse des aptitudes de base (lire, écrire, compter) est indiscutable lorsque l'on prend connaissance des classements PISA, dans lesquels la France régresse d'année en année, pour atteindre aujourd'hui la 25ᵉ place. La proportion des enfants qui ne savent ni lire, ni écrire, ni compter en sixième, augmente elle aussi. Dans ce contexte, seuls les enfants dont l'environnement est un soutien ont une chance de réussir. Pourtant, nombreux sont ceux qui, nés dans un milieu modeste, pourraient être portés par une école qui enseigne de manière claire et lisible, avec méthode, des savoirs fondamentaux de qualité et auxquels serait consacré un nombre d'heures substantiel.

Depuis des années, les heures dédiées en primaire au français et aux mathématiques n'ont cessé de diminuer au profit d'activités plus ou moins utiles. Dans cette dynamique, ce sont les enfants issus des milieux les plus modestes qui sont le moins avantagés, car il y a moins de chances que dans leur entourage se trouve quelqu'un en mesure de les aider à corriger les insuffisances et compenser les manquements de l'école telle qu'elle est aujourd'hui. Nous devons donc redonner toute leur place aux savoirs fondamentaux prioritaires en primaire, mais aussi dans le secondaire ! Pourquoi insister sur les savoirs ? Parce que l'école prépare l'insertion des individus dans la société, qu'elle est le ferment de la cohésion sociale. Redonner la priorité aux savoirs fondamentaux, c'est permettre aux élèves de se sentir reliés à un même socle culturel, malgré leurs différences.

Revalorisons enfin les filières techniques ! La France manque de plombiers, de bouchers, d'électriciens, de soudeurs, tandis que des centaines de milliers de jeunes sont en échec scolaire au collège et au lycée dans les filières générales. Pourquoi ne pas donner à ces élèves, à qui les enseignements théoriques ne conviennent pas, les moyens de s'épanouir dans d'autres orientations, qui leur éviteront la double peine d'une sortie du cursus scolaire sans diplôme et d'une vision injustement dévalorisée d'eux-mêmes et de leurs capacités ?

Pour réformer l'école (je n'ose dire refonder !), il est indispensable de se préoccuper du sort des enseignants. Faire appel à soixante mille enseignants de plus, comme l'a fait la gauche, et vouloir toujours des moyens supplémentaires, ne servira à rien. Il faut regarder de toute urgence vers les modèles étrangers, bien plus efficaces. Il faut aussi que notre école s'ouvre au plus vite aux nouvelles méthodes pédagogiques et aux nouveaux outils qui sont devenus l'environnement quotidien de nos enfants. Les enseignants les plus expérimentés doivent être affectés dans les zones d'éducation prioritaires en lieu et place des enseignants tout frais émoulus. À New York par exemple, une école émanant de The Equity Project, située dans un quartier extrêmement défavorisé, a fait le choix de ne recruter que des professeurs expérimentés, en les rémunérant à hauteur de leurs compétences et en leur demandant un niveau d'implication plus important que dans les autres écoles publiques. Résultat : le niveau général de l'école a nettement dépassé celui des écoles comparables.

Et que dire des universités, où le taux d'échec en première année de licence est effrayant ? Voilà bien l'effet pervers de « l'université pour tous », qui étouffe les appétences multiples et variées de la jeunesse en dévalorisant, par ricochet, des filières professionnalisantes. Quelle perte de temps pour tous ces étudiants qui ne trouvent pas leur voie, qui changent de filière deux, voire trois fois, avant de prendre conscience qu'ils ne s'épanouiront pas à la fac ! Et quelle injustice pour les étudiants brillants et motivés qui sont écartés à la suite d'une sélection par tirage au sort faute de places suffisantes ! Par pure démagogie, sous la pression des syndicats étudiants de gauche, on refuse obstinément toute autre forme de sélection qui reposerait sur la volonté et le mérite. On en revient à la perception dévoyée que la gauche a de l'égalité, une perception qui vire à l'obsession liberticide, à l'image de ce que prédisait Tocqueville, pour qui la frénésie égalitaire ne pouvait qu'engendrer une forme de servitude de masse : « Ils souffriront la pauvreté, l'asservissement, la barbarie, mais ils ne souffriront pas l'aristocratie[1]. »

Il est urgent de redonner à notre école et à notre université le rôle d'ascenseur social qui fut le leur. Cela passe par une vraie remise à plat, y compris du collège unique, en affrontant, au nom de la vraie justice, tous les conservatismes qui étouffent la jeunesse de notre pays.

---

1. Tocqueville, *De la démocratie en Amérique*, II.I. § III.

3. Santé, salaires, privé et public, logement : faire progresser l'égalité pour plus d'équité

S'il est un domaine où les Français considèrent qu'égalité et équité doivent se confondre, c'est bien la santé. À cet égard, la façon dont la mise en œuvre des franchises médicales pendant le mandat précédent a été perçue est riche d'enseignements pour l'avenir[1]. Une très forte majorité de nos compatriotes a considéré cette mesure comme injuste. Pourquoi ? Essentiellement parce qu'elle n'était pas proportionnée aux revenus. Cela signifie clairement que si des efforts sont encore à demander, et ce sera le cas, il est important qu'ils soient plus équitablement répartis. Une autre façon de marier santé et équité dans les années qui viennent consistera à être beaucoup plus attentif à l'égalité entre les territoires.

Sur ce point, la future grande région Nord-Pas-de-Calais-Picardie a un retard scandaleux, qui doit être comblé au plus vite. L'espérance de vie est notamment de deux ans inférieure à la moyenne nationale ! Comment comprendre, dans ces conditions, que le gouvernement socialiste ait décidé récemment de baisser les crédits des hôpitaux de la région Nord-Pas-de-Calais de façon plus importante que dans d'autres régions, ce que nous avons

---

1. « Sentiments de justice en matière de santé », présenté dans l'ouvrage d'Olivier Galland et Michel Forsé, *op. cit.*

dénoncé avec force aux côtés de Xavier Bertrand et de nombreux élus ? Une France juste, c'est une France dans laquelle les Français sont égaux devant les soins. Il faudra être particulièrement attentif, dans les années qui viennent, à la désertification médicale. La droite, qui a fondé la Sécurité sociale, doit s'emparer de ce sujet. Tout comme elle doit faire du maintien à domicile et de la prise en compte de la dépendance deux de ses priorités.

Il est un autre domaine où l'égalité doit encore progresser, c'est celui de l'écart de salaire entre les femmes et les hommes dans notre pays. Ce scandale social et économique ne semble pas empêcher l'actuelle ministre des Affaires sociales, de la Santé et des Droits des femmes de dormir sur ses deux oreilles, alors que les chiffres sont parlants : les disparités salariales entre les femmes et les hommes persistent année après année, et, pour 2014, sur la base d'un travail à temps plein, les hommes bénéficiaient toujours d'une rémunération supérieure en moyenne de 25 % aux femmes. Plus grave encore, à poste et compétences égaux, les femmes gagnent 9 % de moins que leurs homologues masculins[1]. Des femmes qui ne représentent que 34 % des cadres.

---

1. Observatoire des discriminations, « Les inégalités de salaires hommes-femmes : état des lieux », http://www.inegalites.fr/spip. php?article972.

Pourtant, lorsqu'on y regarde de plus près, on s'aperçoit que, parmi les managers, le niveau d'éducation des femmes est plus élevé (53 % des femmes ont au moins un bac +3 contre 37 % des hommes[1])... L'explication se trouve dans le fait qu'un tiers des femmes ont interrompu au moins une fois leur activité professionnelle pendant deux ans pour élever leurs enfants. Si la conciliation entre vie familiale et vie professionnelle est sans aucun doute en cause, les inégalités se construisent aussi dès les premiers temps de la scolarité et au moment-clef de l'orientation post-bac.

L'égalité peut et doit encore progresser dans de nombreux domaines dans notre pays, pour plus d'équité : l'alignement des régimes de retraite entre le secteur public et le secteur privé doit, par exemple, être une priorité, de même que la question des jours de carence.

La question de l'accès au logement doit également être remise au premier plan. Depuis 1996, le prix des logements anciens en France métropolitaine a progressé de 147 % (et de 223 % à Paris) : dans le même temps, le revenu moyen des ménages n'a augmenté que de 15,6 % (passant de 32 à 37 000 euros). Ceux qui étaient propriétaires

---

1. Baromètre du groupe BPCE publié jeudi 19 septembre 2013, commandité par le réseau de femmes managers de BPCE, Essenti'Elles.

avant la grande hausse ont vu leur patrimoine progresser – principalement les plus de cinquante ans – alors que les autres sont restés à la porte. L'envolée de l'immobilier, encouragée par une fiscalité qui attirait les capitaux dans ces secteurs plutôt que dans l'entreprise, exclut aujourd'hui de nombreux jeunes de l'accès au logement, aggravant les injustices dont ils sont victimes.

4. Redonner son sens à la solidarité et mettre fin à l'assistanat

La France peut être fière de son système social. Grâce à lui, la pauvreté a reculé et la solidarité nationale est devenue une réalité. Cependant, trop d'abus sont aujourd'hui observés.

Redonner tout leur sens au mérite et à la solidarité par la justice implique sans aucun doute la réforme de notre système social. Nous devons supprimer en France les « trappes à inactivité », qui font qu'il est plus rentable de rester au chômage que de se remettre à travailler ! Cela dénature l'esprit même de la solidarité, sur laquelle repose pour partie notre contrat social, va à l'encontre de l'idée de mérite et fait le lit d'un profond sentiment d'injustice chez beaucoup de Français.

Il faut aussi repenser la politique des indemnités chômage et des prestations de type RSA/prime et ne plus accorder d'aide sans contrepartie, comme c'est déjà le cas dans de nombreux pays voisins. C'était l'objet de la proposition de loi portée par Laurent Wauquiez à l'Assemblée en 2011, visant à contraindre les bénéficiaires du RSA à assumer cinq heures hebdomadaires de « service social ». Une mesure simple, équilibrée, destinée à favoriser une prise de conscience essentielle qu'il résumait ainsi : « En face des droits, il y a des devoirs. » Les réactions des syndicats et de la gauche ne se sont pas fait attendre, la CFDT reprochant au ministre UMP de friser « avec la droite extrême », tandis qu'Oliver Besancenot qualifiait cette proposition d'insulte faite aux bénéficiaires du RSA. Manuel Valls y est allé aussi de son couplet en déclarant sur LCI : « Cela me paraît encore une fois, comme d'habitude avec ce gouvernement, désigner les chômeurs [...] comme les responsables, comme les coupables, comme les boucs émissaires de la crise. » Un énième procès d'intention d'une gauche moralisatrice et incapable de voir la réalité en face.

Si vivre décemment est un droit, bénéficier de la solidarité nationale implique aussi des devoirs. Baser le système des prestations sociales sur un principe de responsabilité où chaque allocation ou aide est conditionnée par des contreparties, conditionner le versement des allocations chômage à une recherche d'emploi effective et à l'engagement de se former, s'il s'avère que l'offre d'emploi ne correspond pas aux compétences de la personne, ce ne serait que justice dans une relation où chacun fait un effort, l'individu et la société, et où, à la fin, tout le monde est gagnant.

D'ailleurs, les Français sont d'accord avec cela ! Dans leur enquête sur *Les Français face aux inégalités et à la justice sociale*[1], Olivier Galland et Michel Forsé le réaffirment : « Les enquêtes barométriques sur les politiques sociales, celles du Credoc ou de BVA, indiquent depuis des années que les Français sont, dans leur grande majorité, favorables à l'idée de supprimer les allocations de chômage aux chômeurs qui, au bout d'un certain nombre de mois, refusent un emploi moins qualifié ou moins rémunéré que celui qu'ils cherchent. De même, ils sont d'accord, pour les trois quarts d'entre eux, avec l'idée qu'il est parfois plus avantageux de percevoir des minima sociaux que de travailler avec un bas salaire. Enfin, ils pensent, pour les deux tiers d'entre eux, que si la plupart des chômeurs le voulaient vraiment, beaucoup pourraient retrouver un emploi. » Ils ajoutent les chiffres de

---

1. *Op. cit.*

l'enquête PISJ, selon laquelle 57 % des Français lient indemnisation du chômage à recherche active d'un emploi.

Par ailleurs, la Sécurité sociale et le régime des retraites doivent aussi être repensés en profondeur. Nous voyons bien que, depuis trente ans, la fiscalisation croissante du financement de la protection sociale par le travail n'a pas permis l'équilibre des comptes sociaux, ce qui nous a poussés à nous endetter pour financer des dépenses courantes. Il n'est aujourd'hui plus possible d'ajouter un poids supplémentaire sur les entreprises et les travailleurs. D'autant que, depuis trente ans, de nouvelles données sont à prendre en compte dans notre système : l'apparition d'un chômage structurel élevé, l'augmentation du nombre de familles monoparentales plus sujettes à la précarité, les déséquilibres observés sur la pyramide des âges, qui est pourtant un paramètre fondamental du financement de la protection sociale ; tous ces éléments font que nous devons repenser en profondeur notre système social. C'est une mesure de justice que nous devons aux générations à venir. Il nous faut également proposer une véritable réforme des retraites qui permette de régler définitivement et sur le long terme le problème de leur financement, notamment par l'allongement des périodes de cotisation et l'harmonisation des régimes. Une fois de plus, la gauche nous laissera cet épineux dossier à gérer après des années d'immobilisme et de fausses promesses. Que pensent, aujourd'hui, les Français qui ont cru à un retour à la retraite à soixante ans et qui ont pris conscience que ce n'était qu'une illusion de plus ?

5. Réhabiliter l'autorité

Cette idée de responsabilité, que je propose de mettre au cœur de nos politiques sociales, doit s'accompagner d'une vision juste et proportionnée de ce que doit être l'autorité. Nous devons rompre en France avec cette fâcheuse habitude d'associer l'autorité à la privation de libertés. L'autorité, intimement liée à l'idée de justice, est un préalable nécessaire à l'action de l'État, mais pas seulement : elle est aussi la condition *sine qua non* à l'exercice de la liberté de chacun dans le respect de la liberté de tous. Étymologiquement, elle est ce qui fait grandir la chose à laquelle elle se rapporte. Avoir de l'autorité sur quelque chose ou sur quelqu'un ne revient donc pas à essayer de le contraindre ou de le faire ployer, mais à l'aider à se réaliser, à l'enrichir. C'est donc par la justice que l'ordre et l'autorité seront restaurés. Car la justice entraîne le respect et l'autorité naturelle.

Je ne suis pas certain que les « il est interdit d'interdire » soixante-huitards aient permis l'avènement d'une société plus juste ou plus libre. L'idée selon laquelle l'autorité est arbitraire et permet *de facto* le contrôle des forces sociales les moins favorisées est fondamentalement fausse et n'a que trop vécu. Elle est d'autant plus dangereuse qu'elle pousse à croire que la transgression des règles et la destruction des normes sociales sont un pas vers plus de liberté et de justice. Que de dégâts elle a causés, dont nous payons les arriérés jusque dans nos collèges et lycées, où l'enseignant voit son autorité toujours plus contestée. Le mal est profond, car l'autorité dont nous manquons ne pourra se décréter. Elle devra se construire lentement en s'appuyant sur la justice et le respect.

L'autorité permet d'instaurer la sécurité. Contrairement à ce que la gauche voudrait nous faire croire, non seulement la sécurité n'est pas contraire à l'exercice des libertés individuelles, mais elle en est même le préalable ! Qui peut s'exprimer, circuler, échanger, s'engager librement, autant de libertés essentielles à la vie démocratique, si la sécurité n'est pas assurée ? J'aimerais ne pas avoir cet exemple à fournir, mais les attentats du mois de janvier 2015 sont malheureusement là pour nous rappeler que l'exercice de la liberté d'expression et la démocratie ont besoin de sécurité.

Les peines-planchers instaurées sous Nicolas Sarkozy semblaient frappées au coin du bon sens : nous ne devons pas avoir peur de renouer avec la notion d'autorité dans notre politique pénale. L'autorité bien ordonnée implique la fermeté et ne permet pas de transiger avec la loi, mais elle s'accompagne aussi de la prise en compte de la nécessaire reconstruction de la personne pour garantir sa réinsertion au sein de la société.

6. De l'urgence de revaloriser l'idée de Nation et de sauver le projet européen

« Le patriotisme, c'est l'amour des siens. Le nationalisme, c'est la haine des autres », a écrit Romain Gary.

Ce nécessaire rétablissement de l'autorité doit passer par la revalorisation de l'idée de Nation. Alors que la France voit, de scrutin en scrutin, grossir les rangs du FN, il est plus que jamais essentiel que la classe politique, à droite comme au centre, entame une vraie réflexion sur les raisons de cette inquiétante progression.

Sans trop me tromper, je crois pouvoir dire qu'elle est due, pour une bonne part, au sentiment d'impuissance que donnent trop souvent les femmes et hommes politiques face aux difficultés de nos concitoyens. Plus au plan national, d'ailleurs, qu'au plan local, où des maires comme Jean-Louis Borloo, Jean-Claude Gaudin, Alain Juppé et beaucoup d'autres ont prouvé que l'on pouvait changer le visage d'une ville ou d'une agglomération. Elle est aussi la conséquence de la perte de points de repère et d'un sentiment de déclassement individuel et collectif face à la mondialisation. Nos élites portent une part de responsabilité dans cette situation.

Comment changer cet état d'esprit et rétablir la confiance dans le pays, sans verser dans le nationalisme et le protectionnisme, qui ont déjà fait tant de mal en Europe et dans le monde ?

Il faut tout d'abord, me semble-t-il, retrouver un État qui tienne parole et mette en œuvre les réformes que les Français attendent, en faveur de plus de justice.

La France doit également s'efforcer de mieux protéger ses intérêts économiques. Les abandons récents d'Alstom, un fleuron de l'industrie française dans un domaine-clef, l'énergie, vendu dans des conditions qui soulèvent beaucoup de questions à une entreprise américaine, General Electric, et de MyFerryLink (ex-Sea-France), dernier pavillon français de transports de passagers à Calais, cédé à une entreprise danoise après que le ministre de l'Économie eut répondu : « On ne peut malheureusement rien faire », montrent que la France ne sait plus défendre ses intérêts quand d'autres déploient toutes les armes de la guerre économique. Je crois, personnellement, en une forme de patriotisme économique, en un État stratège et combatif. Je crois aussi dans un pays où les grandes entreprises, comme cela se fait en Allemagne, s'adressent en priorité aux sous-traitants nationaux.

Notre économie ira mieux également si l'Europe s'attache à établir plus de justice à l'intérieur du marché unique et dans les relations avec le reste du monde. En effaçant nos frontières à l'intérieur, nous avons soumis directement nos entreprises à une concurrence à armes inégales, car la fiscalité et les règles sociales sont encore très différentes entre les pays de l'Union.

Quant aux relations avec le reste du monde, elles sont ressenties comme génératrices d'injustices par ceux qui voient arriver en Europe des produits qui les concurrencent, et qu'eux-mêmes n'auraient pas le droit de fabriquer comme ils l'ont été dans le pays d'origine. Ce qui était concevable dans les années 1960 et 1970, au moment des premiers rounds du GATT, quand l'Europe était prospère, n'est plus possible aujourd'hui alors que les rapports de force ne sont plus les mêmes et que nous vivons une crise grave et durable. Il est temps que les règles commerciales entre l'Europe et le reste du monde soient empreintes de plus de justice et que les importations se plient aux règles et normes environnementales et salariales auxquelles nos producteurs sont soumis. Sans justice, nos entreprises et nos salariés ne comprennent plus et n'acceptent plus la mondialisation.

Le projet européen a permis la plus longue période de paix qu'a connue notre continent, mais il faut aujourd'hui une Europe plus juste, plus efficace, plus à l'écoute des citoyens et des nations qui la composent. Une Union européenne qui soit également perçue comme un bouclier contre les aspects injustes de la mondialisation.

Quant à l'idée de Nation française, elle doit être revivifiée à travers un projet collectif ambitieux autour de notre économie et de notre culture. Notre responsabilité est collective. Est-il normal, par exemple, que la France ne défende plus sa langue, y compris dans nos universités, la dernière loi sur l'enseignement supérieur ayant ouvert la voie à des Masters tout en anglais ? Pourquoi les futures élites des pays francophones proches de la France apprendraient-elles encore notre langue si ce n'est plus un sésame pour venir étudier dans notre pays et s'ouvrir à notre culture ? Le monde de demain sera multilingue, la vraie question est de savoir si le français comptera ou non.

Sur le sujet de l'identité nationale, il faut être ferme et juste. En matière d'immigration et d'intégration, regardons autour de nous. Au Québec, les quotas d'immigration ont été, depuis leur mise en place, une contribution majeure à l'avènement d'une société multiculturelle qui ne transige cependant pas avec son socle commun de références culturelles, historiques et sociales. Peut-on dire pour autant du Québec qu'il est un État raciste et intolérant ? C'est un procès que la gauche ne manquera pas de nous faire si nous mettons un jour en place, comme il est souhaitable, une politique équivalente dans notre pays.

Sur ce point, je laisserai le dernier mot à Alain Finkielkraut : « Il nous faut combattre la tentation ethnocentriste de persécuter les différences et de nous ériger en modèle idéal, sans pour autant succomber à la tentation pénitentielle de nous dépendre de nous-mêmes pour expier nos fautes. La bonne conscience nous est interdite mais il y a des limites à la mauvaise conscience. Notre héritage, qui ne fait certes pas de nous des êtres supérieurs, mérite d'être préservé, entretenu et transmis aussi bien aux autochtones qu'aux nouveaux arrivants[1]. »

---

1. Alain Finkielkraut, *L'Identité malheureuse*, Gallimard, Folio, 2013.

7. *La confiance, condition d'une France juste*

Pour construire une France juste, il est urgent d'établir une relation non plus de défiance mais de confiance avec nos concitoyens. L'administration française a d'énormes marges de progression. L'Union européenne se doit de montrer l'exemple en étant beaucoup plus à l'écoute des professionnels et des citoyens. Je le vis, chaque jour, dans mon Pas-de-Calais, avec les marins pêcheurs, les agriculteurs, les chasseurs de gibier d'eau, les maires aussi parfois, qui ont le sentiment, légitime, d'être suspectés des pires choses, alors que des lobbies, très minoritaires mais très organisés, ont l'oreille de ceux qui décident à Paris ou à Bruxelles.

Mais qui d'autre que les chasseurs ont défendu, entretenu, à leurs frais, et régulé les espaces et les espèces depuis des décennies et des décennies ? Dans un autre domaine, pourquoi ne pas entendre le cri de la pêche artisanale, qui a toujours promu une pêche raisonnable, car c'est son intérêt premier que de conserver la ressource plutôt que de multiplier les mesures techniques et les quotas, parfois en totale contradiction avec ce que les marins connaissent du milieu dans lequel ils vivent en permanence ?

Cette responsabilisation doit être également étendue au domaine de l'environnement. Notre terre malade est à la veille d'une grande révolution qui ne se réalisera pas sans les entreprises, les citoyens et les associations. Le modèle collaboratif du Grenelle de l'environnement, conduit en 2007 par Jean-Louis Borloo, est la preuve qu'en se faisant confiance les acteurs peuvent avancer. En matière de développement durable, la confiance doit être restaurée et les sujets débattus avec tous les acteurs. Comment se priver de recherches sur les OGM et sur le gaz de schiste alors que le reste du monde avance et en profite ? Peut-on parler de justice quand des faucheurs volontaires détruisent des plans d'OGM plantés par l'INRA à des fins scientifiques ? L'environnement amène son lot de questions, mais également de solutions. La paralysie de notre système va provoquer de nouvelles injustices. Nos agriculteurs prendront du retard en matière de rendement. Notre expertise scientifique sera amputée et incapable de garantir notre sécurité alimentaire. Il est urgent de restaurer la confiance et de reprendre notre destin en main, en matière de recherche notamment.

Cette idée de confiance pourrait aussi pénétrer l'entreprise. Pourquoi ne pas écouter la voix des chefs d'entreprise de terrain qui demandent que leurs interlocuteurs – délégués du personnel, membres élus du comité d'entreprise – soient librement élus par les salariés ? Encore aujourd'hui, seuls peuvent se présenter au premier tour les candidats qui s'affilient à l'une des cinq fameuses centrales syndicales reconnues par l'État comme « représentatives », alors que, toutes tendances confondues, elles ne représentent que 10 % des salariés du privé. N'y a-t-il pas là atteinte à la liberté de tout salarié de se porter candidat, et un signe de défiance à l'égard de l'entreprise et de ceux qui refusent d'entrer dans le système ? Une autre spécificité française veut que, dans notre pays, ce sont les centrales syndicales, extérieures à l'entreprise, qui nomment le délégué syndical. La combinaison de ces anachronismes isole notre pays en Europe, et montre le chemin qu'il nous reste à parcourir pour briser les tabous et introduire plus de confiance et de justice en France.

De façon plus générale encore, il faudrait cesser d'être obsédé par le respect de la norme pour la norme, et se concentrer sur la seule question qui vaille : l'objectif poursuivi est-il atteint ? Une société juste, c'est aussi une société où chacun accepte de prendre sa part de responsabilité.

Je ne peux clore ce sujet sur la confiance sans évoquer l'affaire Cahuzac. J'ai été le premier, lors d'un séance de questions au gouvernement, en décembre 2012, à lui demander devant la représentation nationale de nous dire la vérité sur son compte bancaire en Suisse : « Est-il exact que vous avez eu un compte non déclaré à l'Union de banques suisses de Genève pendant de longues années ? » La réponse du ministre délégué au Budget : « Les yeux dans les yeux, monsieur le député, je démens catégoriquement ces allégations », est désormais historique. Comment un ministre du Budget, qui avait fait de la lutte contre la fraude sa priorité, a-t-il pu à ce point mentir à la représentation nationale ? Pourquoi le pouvoir en place a-t-il tant tardé à réagir ? Pourquoi les plus hauts responsables socialistes ont-ils soutenu ne pas suivre l'affaire, alors que c'était faux et que cela a été démontré ? Pourquoi la commission d'enquête que nous avions demandée n'a-t-elle pas pu aller au bout de son travail ? Pourquoi avoir, pour donner le change, fait adopter un texte dont on sait qu'il n'empêcherait pas une nouvelle affaire Cahuzac ? La confiance des Français à l'égard des responsables politiques a besoin d'être durablement rétablie. La France juste a besoin de vérité, de transparence et d'engagements sincères.

Conclusion

De l'Antiquité à nos jours, de Platon et Aristote à Hayek et Rawls, en passant par saint Augustin et Rousseau, la justice a été au cœur des réflexions menées sur la meilleure organisation sociale possible, avec un renouvellement permanent de la pensée. Aujourd'hui, la crise profonde que nous traversons nous oblige à repenser le modèle mis en place jusque dans les années 1960.

Prisonnière de ses dogmes, la gauche en est incapable. Les Républicains portent donc une lourde responsabilité dans un pays sous tension et dans lequel la société a toujours été plus sensible qu'ailleurs aux injustices et aux inégalités.

Le général de Gaulle nous a, en son temps, ouvert la voie, en montrant que la droite pouvait porter un projet conciliant reconnaissance des mérites et réduction des inégalités, action volontariste de l'État et économie de marché. Cette tentative de synthèse était au cœur de sa pensée et de son action. Elle doit nous inspirer et nous aider à construire un nouveau modèle durable et juste, car la grandeur de la France est toujours venue de sa capacité d'innovation et de rebond.

À charge pour nous, fiers de notre histoire, d'adapter nos idées aux difficultés et aux défis des temps présents, pour, avec les Français, faire gagner la France juste.

TABLE DES MATIÈRES

*Composition et mise en pages
Nord Compo à Villeneuve-d'Ascq*

www.ingramcontent.com/pod-product-compliance
Lightning Source LLC
LaVergne TN
LVHW010646060726
842527LV00013B/3353